Wahrsagen aus Karten

Erika Sauer

Wahrsagen aus Karten

BUCH UND ZEIT
BZ

Buch und Zeit Verlagsgesellschaft mbH · Köln

Die Ratschläge in diesem Buch sind von Autor und Verlag sorgfältig erwogen und geprüft, dennoch kann eine Garantie nicht übernommen werden. Eine Haftung des Autors bzw. des Verlages und seiner Beauftragten für Personen-, Sach- und Vermögensschäden ist ausgeschlossen.
Zeichnungen: Wally Löw
Gesamtherstellung: Ebner Ulm
1999950084X7 2635 4453 62

Aus dem Inhalt

Der Findling aus dem Reich der Mitte

Das Kartenspiel ist ein Findling. Man kennt seine Geburtszeit nicht und kann nur so ungefähr schätzen, wie alt es ist. Die meisten Wissenschaftler sind sich einig, daß es – wie so viele Spiele – aus dem alten Reich der Mitte, aus China stammt. Und sie haben sicher recht: In China wurde im 1. Jahrhundert nach Christi Geburt die Papierherstellung erfunden, und Papier ist nun mal der Grundstoff, aus dem die meisten Kartenspiele bis auf den heutigen Tag bestehen. Ihre Urmutter ist das Würfelspiel; denn die Zahlen auf den Karten sind nichts anderes als die Übersetzung der Augen auf einem Würfel. Freilich ist diese Artverwandtschaft heute kaum noch zu erkennen.

Des Teufels Gebetbuch

Echte Beweise, daß das Kartenspiel in China erfunden wurde, gibt es freilich kaum. Fest steht nur, daß es Ende des 13. Jahrhunderts aus dem Orient nach Europa kam, wo es bald als des »Teufels Gebetbuch« in Acht und Bann getan wurde. Das Glücksspiel war damals bei der Obrigkeit, vor allem aber bei der Geistlichkeit, verpönt und verstieß gegen die guten Sitten.
Aus dem 14. Jahrhundert sind wunderschöne handgemalte Karten erhalten geblieben, die dem Adel an den Fürstenhöfen die Langeweile vertrieben haben. Man kannte bis dahin ja noch nicht die Buchdruckerkunst, die eine Vervielfältigung der Spiele erlaubte.
Schon bald nach Gutenbergs Erfindung begann der Siegeszug der bis zu diesem Zeitpunkt nur in exklusiven Kreisen bekannten Spielkarten in Europa. Und bald war auch die Kartomantie erfunden, die Kunst, aus den Karten

die Zukunft zu deuten. Zigeuner aus dem Osten waren die ersten auf unserem Kontinent, die mit Kartenlegen Geld verdienten, und Zigeunerinnen gelten auch heute noch als die fähigsten, aus den Karten wahrzusagen.
Da war zunächst viel Jahrmarktschreierei. Sie fand willige Opfer. Im 18. Jahrhundert glaubte man ja noch an Hexen, die auf Besenstielen durch die Lüfte ritten und mit ihrem bösen Blick die Menschen treffen konnten. Nur Unheil wurde oft aus den Karten gelesen, wenn der Kunde wenig zahlte. Mit viel Geld aber wurden leicht günstige Aussagen erkauft. Und das brachte die Spielkarten in Verruf.

Napoleons Kartenlegerin

Eine Französin namens Lenormand machte dann aber die Kartomantie hoffähig: Um 1800 sagte sie den Großen ihrer Zeit beinahe auf den Tag genau die Zukunft voraus. Zu ihren Kunden gehörte immerhin Josephine de Beauharnais, die 1796 dem General Bonaparte angetraut wurde, der kurz darauf als Napoleon I. Kaiser von Frankreich wurde.
Dieser Napoleon war bald nicht besonders gut auf Madame Lenormand zu sprechen und verbannte sie von seinem Hof. Sie hatte ihm seinen Sturz vorhergesagt, der einige Jahre später auf den Monat genau erfolgte. Jedenfalls scheint der große Napoleon ein wenig abergläubisch gewesen zu sein, sonst hätte er, statt Madame zu verbannen, über sie gelacht und sie weiterhin im Hofstaat seiner Josephine gelassen, der sie mit ihren Kartenlegekunststücken die Zeit vertrieb. Madame Lenormand galt allgemein als Seherin, hatte auf jeden Fall die Gabe, die Bedeutung einzelner Karten mit der Bedeutung anderer so geschickt zu verbinden, daß daraus ein zusammenhängendes Zukunftsbild entstand, wobei ihre Deutung zusätzlich aus dem eigenen Unterbewußtsein gespeist wurde, das dem Ganzen den richtigen Dreh gab.

Mit anderen Worten: Die Französin benutzte die Karten als Mittel zum Zweck, ihre seherische Gabe spielen zu lassen. Jedenfalls machte sie das von Kind auf so geschickt, daß ein Bischof Grimaldi schon der Siebenjährigen erstaunt attestierte, sie sei »übernatürlich« inspiriert.

Unterhaltung mit der Zukunft

Wir wollen Sie nun beileibe nicht zu einer zweiten Madame Lenormand machen. Aber mit Hilfe unseres Buches sollen Sie Ihre Phantasie spielen lassen. Vielleicht legen Sie sich zunächst nur selbst die Karten und lesen nach einiger Übung manches aus der eigenen Vergangenheit heraus, das Ihnen bisher nur undeutlich bewußt wurde. Möglicherweise erkennen Sie sogar Fehler, die Sie gerade erst machten, und ziehen daraus die Nutzanwendung für die Zukunft.
Und wenn Sie sich so allmählich eingeschult haben, können Sie mit den neuerworbenen Kenntnissen auch mal auf einer Party glänzen und zu einem recht unterhaltsamen Abend beitragen.
Denken Sie dann daran, daß Sie Ihre Aussagen nicht mit tierischem Ernst vortragen; denn manch einer, dem Sie die Karten legen, ist beeinflußbar und könnte sich vielleicht zu Herzen nehmen, was Sie ihm an schlimmer Zukunft aus den Karten gedeutet haben. Lassen Sie ruhig Ihre Phantasie spielen, machen Sie sich und anderen das Vergnügen, ein wenig das Schicksal zu belauschen, aber pfuschen Sie ihm nicht ins Handwerk.
Auch wenn Sie schon zu den Fortgeschrittenen unter den Kartomanten zählen, sollten Sie sich hüten, Ihren »Kunden« Tod und Schrecken vorauszusagen! Man hat das so schnell dahergesagt und verunsichert möglicherweise einen labilen Typen derart, daß seine Gedanken immer wieder um das Furchtbare kreisen, das Sie ihm aus den

Karten lasen, daß er möglicherweise blindlings in sein Verderben rennt.

Die Psychologie des Kartomanten

Wenn Sie jemandem die Karten legen, sollten Sie sich hüten, Ihre Aussagen allzu ernst vorzutragen. Gehen Sie behutsam vor, lassen Sie dem Fragesteller oder der Fragestellerin Zeit, in sich selbst hineinzuhorchen, ob das, was Sie sagen, stimmen könnte. Er sollte sich auf sich selbst konzentrieren, nur so kann er Schlüsse für sich selbst ziehen. Schon manchem recht labilen Menschen waren die Karten und ihre Aussagen Lebenshilfe. Woraus Sie ersehen mögen, daß der richtige Kartenleger ein Psychologe sein muß, der sich mit Bedacht nur äußern sollte, wenn er einen leicht beeinflußbaren Menschen vor sich hat.

Es gibt im einschlägigen Handel viele Wahrsagekarten, bei denen sogar manchmal schon Deutungsvorschläge aufgedruckt sind. Die sind sicherlich hübsch anzusehen und machen auch für einige Zeit Spaß, sind aber kaum so deutungskräftig wie etwa die von den Zigeunern benutzten Blätter: Das 78 Einzelkarten zählende Tarot-Spiel, das vor allem in Frankreich und Italien verwandt wird, die 52 Karten des Bridgespiels oder die 32 Blätter unseres Skatspiels. Diese drei Arten wollen wir in diesem Buch genauer untersuchen und ihre Aussagen erläutern.

Zur Technik des Kartenlegens

In Mitteleuropa nimmt der Kartomant vor allem das sogenannte Skatblatt, 32 Karten mit französischem Bild, dessen Farben Karo, Herz, Kreuz und Pik sind, die jeweils in Sieben, Acht, Neun, Zehn, Bauer, Dame, König, As aufgeteilt sind.

Die Personenkarte

Bevor man mit dem Kartenlegen beginnt, sollte man erst die sogenannte Personenkarte festlegen. Sie ist bei dem von uns verwendeten Skatblatt je nach Geschlecht und Familienstand des Fragestellers unterschiedlich. Die meisten Kartomanten legen sie wie folgt fest:

Die 6 Personenkarten des französischen Spiels.

Karo-König steht für den unverheirateten (auch geschiedenen) Mann, dem man die Karten legt.

Herz-König gilt für den Fragesteller als Personenkarte, der verheiratet ist oder in einem eheähnlichen Verhältnis mit einer Frau zusammenlebt.

Kreuz-König steht für den Witwer, dem man die Karten legt.
Analog dazu ist die
Karo-Dame das Abbild einer unverheirateten (oder geschiedenen) Fragestellerin, die
Herz-Dame Personenkarte einer verheirateten oder in einem eheähnlichen Verhältnis lebenden Frau, die
Kreuz-Dame schließlich eine Witwe, der man die Karten legt.

Recht feierlich fängt's an

Und nun können wir eigentlich schon anfangen:

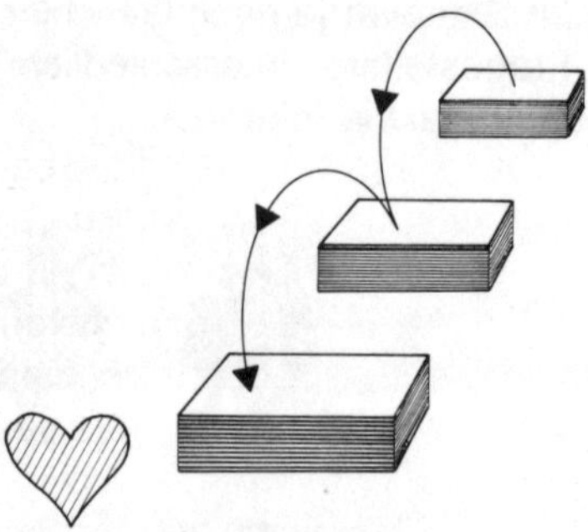

Der Fragesteller oder die Fragestellerin heben immer mit der linken Hand zweimal in Richtung auf das eigene Herz ab.

Wir lassen den Fragesteller oder die Fragestellerin die Karten gründlich mischen und dann zweimal mit der linken Hand in Richtung auf das Herz abheben. Diese Zeremonie ist zwar unnötig – man könnte genausogut mit der rechten Hand die Karten in Richtung auf den rechten Lungenflügel abheben –, aber so ganz sollte es auch bei uns nicht ohne

feierliches Ritual abgehen, das seit 300 Jahren unter Kartenlegern ungeschriebenes Gesetz ist.
Wahrscheinlich soll diese Zeremonie dem Fragesteller oder der Fragestellerin helfen, sich schon gleich zu Anfang ein wenig zu konzentrieren und auf das Kommende einzustellen.

Die Schlüsselkarten

Es ist üblich, die 3 Talons, die Kartenpäckchen, die beim Abheben liegenbleiben, umzudrehen, so daß nur die jeweils unterste Karte zu sehen ist. Diese 3 Karten werden von vielen Kartomanten als Schlüsselkarten angesehen, die zunächst auszudeuten sind:

- Die mittlere Karte steht dabei für die Gegenwart,
- die am weitesten von dem Fragesteller oder der Fragestellerin entfernt liegende für die Zukunft und
- die ihm beziehungsweise ihr am nächsten liegende für die Vergangenheit dessen, dem man die Karten legt.

Nach der Auswertung dieser 3 Karten, die gewissermaßen einen ersten allgemeinen Überblick über die Lage des Fragestellers oder der Fragestellerin gibt, werden die 3 Talons zu einem einzigen Kartenhaufen vereint, wobei im allgemeinen der mittlere Talon auf den am weitesten von dem Fragesteller oder der Fragestellerin entfernt liegenden gelegt wird und das so vereinte Päckchen auf den Talon kommt, der dem Herzen dessen, dem man die Karten legt, am nächsten liegt.
So gelangen die Karten in eine andere Lage als vor dem Abheben, und überdies wurde ein altes Zigeunerritual eingehalten, das wieder zur Konzentration des »Delinquenten« beitragen soll.

Schweigen erhöht die Spannung

Danach werden die Karten nach bestimmten Schemen, auf die wir noch zu sprechen kommen, ausgelegt, wobei sich der Kartomant zunächst immer einen Gesamtüberblick über das Ausgelegte verschaffen sollte, ob also die Vorhersage Gutes oder Schlechteres beinhalten wird. Dieses stumme In-sich-Hineindenken wird von vielen Kartenlegern um einiges überzogen – zum einen, um die Konzentration des Fragestellers oder der Fragestellerin zu vertiefen, zum anderen, um bei ihm beziehungsweise ihr einen gewissen Spannungszustand zu erzeugen. Und gleichzeitig kann man mit solcher Übung auch eventuelle Zuschauer ganz in seinen Bann ziehen.
Nach diesen Schweigeminuten beginnt man schließlich mit der Deutung von der jeweiligen Personenkarte aus.
Im Anschluß an diese technischen Hinweise bringen wir eine ausführliche Beschreibung über die Bedeutung der Karten, wie sie international am meisten gebräuchlich ist. Doch zuvor noch weitere Hinweise auf die Technik des Kartenlegens:
Am gebräuchlichsten ist es, die 32 Karten in 4 Reihen zu je 8 Blatt auszulegen. Wir beginnen dann, wie gesagt, bei unserer Deutung mit den Karten, die der Personenkarte am nächsten liegen.

Rechteck, Kreuz und Diagonalen

Alles, was rechts von dieser Karte liegt, gilt als Vergangenheit, was links davon ist, als Zukunft des Fragestellers oder der Fragestellerin. Dabei sollten wir berücksichtigen, daß »rechts« und »links« nicht vom Betrachter aus zu sehen ist, sondern von der Person aus, der man die Karten legt.
Wenn die Personenkarte als eine der ersten Karten ausge-

Die Personenkarte ist Ausgangspunkt der Deutung. Der Betrachter (Kartenleger) sieht rechts (R), links (L), oben (O) und unten (U) beim Kartenlegen so, wie es die Zeichnung zeigt.

legt wird, so gilt das im allgemeinen als ein sehr günstiges Zeichen. Viele Zigeunerinnen schließen in diesem Falle auf ein hohes Alter des sie Konsultierenden. Liegt die Personenkarte aber am äußersten Rand des Geschehens, so deutet das auf eine Ortsveränderung des Fragestellers oder der Fragestellerin hin. Sagen dabei die die Personenkarte umgebenen Blätter Schlechtes aus, so muß das für den Fragenden negativ gedeutet werden. Im allgemeinen lassen geübte Kartomanten in diesem Fall die Karten noch einmal in der angegebenen Weise mischen und abheben und legen sie erneut aus.
Zunächst werden also die der Personenkarte am nächsten liegenden Blätter gedeutet und in Zusammenhang mit jener gebracht. Das sind die Karten, die in einem Rechteck um die Personenkarte herum liegen.
Dabei werden zuerst die beiden Karten, die neben der Personenkarte liegen, mit dieser zusammen gedeutet. Dann wird die unter und über ihr liegende Karte mit ihr kombiniert. Die Deutung der unteren und oberen Karten

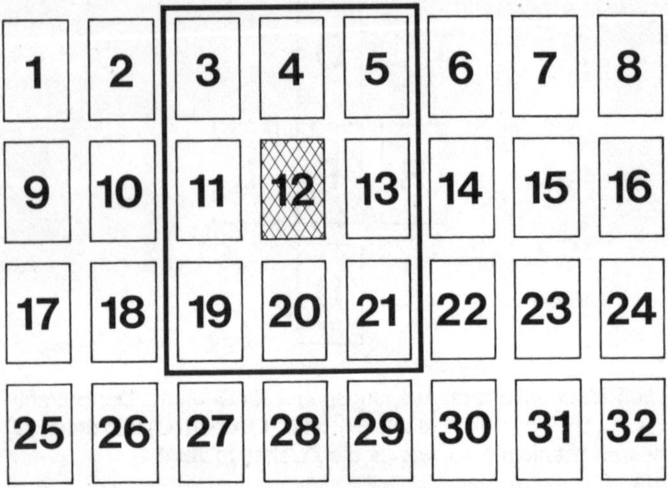

Das Rechteck im Auslageschema mit 32 Karten.

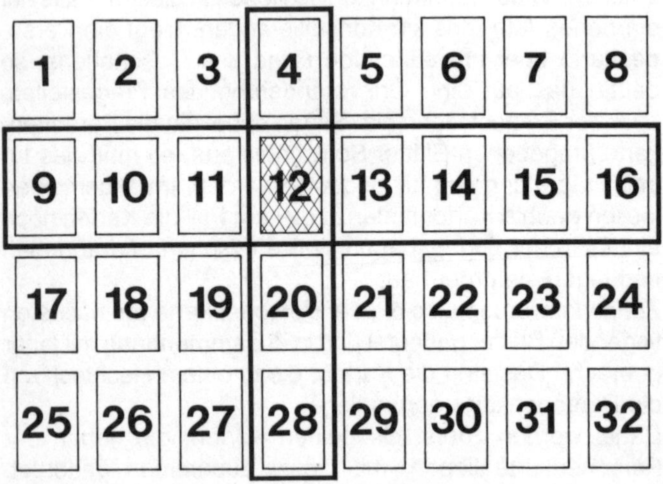

Das Kreuz mit Schnittpunkt in der Personenkarte.

folgt, und danach werden die Aussagen der linken und rechten senkrechten Kartenreihe überprüft.
Dann werden die in der Waagerechten und Senkrechten (mit Schnittpunkt Personenkarte) liegenden Karten miteinander in Verbindung gebracht, wobei man wieder von der Personenkarte ausgeht. Kartomanten nennen diese Deutungsart *das Kreuz.*
Hier deutet man zunächst die für den Kartenleger links neben der Personenkarte liegenden Karten (sie stehen für den Fragesteller beziehungsweise die Fragestellerin rechts!): Die Vergangenheit der Person wird gestreift, der man aus den Karten wahrsagt.
Die Blätter auf der anderen Seite stehen für die Zukunft der oder des Fragenden.
Die von diesem aus gesehen über der Personenkarte liegenden Karten (auf unserem Schema unten!) behandeln

Die Diagonalen überschneiden sich in der Personenkarte.

Personen, Dinge und Ereignisse, von denen der Fragesteller oder die Fragestellerin beherrscht werden, die auf der anderen Seite der Kreuz-Senkrechten stehenden Personen, Dinge und Ereignisse, die der oder die Fragende beherrscht.
Schließlich sind für die Deutung die Diagonalen (mit Schnittpunkt Personenkarte) wichtig, bei der ebenfalls von der Personenkarte ausgegangen wird. Hier beginnt man analog zu unserem Schema mit der Deutung der Diagonale von links unten nach rechts oben und nimmt sich dann die zweite Diagonale von rechts unten nach links oben vor.

Das Gesamtbild aus 32 Karten

Bei diesen 3 Deutungsarten lassen es die meisten Kartenleger bewenden, zumal sie ja bereits vor Beginn ihrer Erläuterungen für den Fragesteller oder die Fragestellerin das Gesamtbild diagnostiziert haben. Sie werden diesen Eindruck dem oder der Fragenden wohl als Abschluß der Sitzung zusammenfassend kurz vermitteln.
Dabei gehen Sie vielleicht von der Personenkarte zunächst nach rechts die Reihe durch, in der die Personenkarte liegt, darauf die nächsten Reihen bis zur letzten ausgelegten Karte und beginnen dann bei der ersten ausgelegten Karte, bis Sie wieder bei der Personenkarte angelangt sind.
Wie gesagt: Viele Kartenleger verzichten auf diese Zusammenfassung, da mit Rechteck, Kreuz und Diagonalen das Wichtigste bereits gedeutet wurde.
Natürlich können auch Rechteck, Kreuz und Diagonalen mit anderen Karten gebildet werden, die den Fragesteller besonders interessieren. Wenn seine Personenkarte der Herz-König, er also ein verheirateter Mann ist, wird er wissen wollen, ob die Karten der Herz-Dame, seiner Ehefrau, Günstiges aussagen.

Was drüber und drunter liegt...

Wir haben bereits erklärt, wo Vergangenheit und Zukunft von der Personenkarte aus liegen. Und auch bei der Erklärung des Kreuzes dargelegt, welche Bedeutung die unter und über der Personenkarte liegenden Karten haben:

- Über der Personenkarte (vom Kartenleger aus gesehen die ihm am nächsten liegenden Karten): Personen, Dinge und Ereignisse, von denen der oder die Fragende beherrscht werden.
- Unter der Personenkarte (diese Karten liegen dem Fragesteller am nächsten!): Personen, Dinge und Ereignisse, die von dem Fragesteller oder der Fragestellerin beherrscht werden.

Je weiter eine Karte von der Personenkarte entfernt liegt, desto weiter ist auch das entfernt, was ausgesagt wird. Je näher eine Karte an der Personenkarte liegt, desto näher ist das, was aus den betreffenden Karten herausgelesen werden kann. Dabei kommt es – wie wir sehen – immer zunächst auf die Lage der Personenkarte an, wobei es wichtig ist, daß genügend Karten rechts und links von der Personenkarte liegen, da sonst die Ausdeutung sehr schwierig wird.

Deshalb werfen viele Kartomanten oft die Karten wieder zusammen und lassen neu mischen und in der beschriebenen Weise abheben, damit sich das Bild von Vergangenheit und Zukunft deutlicher abzeichnen kann.

Karten, die einen Weg (»Reise«) beschreiben, sind nicht nur räumlich, sondern auch zeitlich zu sehen. Eine »große Reise« bedeutet also auch eine große Zeitspanne, eine »kleine Reise« dementsprechend eine kurze Zeitdauer.

Karten decken

Viele Kartenleger bedecken nach dem Generalüberblick, den sie durch Rechteck, Kreuz und Diagonalen und durch die Zusammenfassung bekommen haben, einzelne Karten, die sie dann in Beziehung zueinander bringen. Das geschieht auf unterschiedliche Art und Weise:

- Man nimmt zum Beispiel die letzte Reihe der gelegten Karten (25–32) auf, mischt sie gründlich und bedeckt mit ihnen 8 für die Deutung besonders wichtig erscheinende Karten der verbliebenen 3 Reihen.
- Oder man deckt mit Karte 32 die Karte 1, mit 31 die 2 und so weiter und deutet die Kartenpaare einzeln (wie man diese Zweierkombinationen auslegen kann, wird ausführlich in einem gesonderten Kapitel erklärt).
- Man kann aber auch alle Karten noch einmal gründlich mischen, 16 Karten verdeckt auflegen und offen darüber die 16 anderen Karten auslegen. Hier wird ebenfalls über die jeweils zusammenliegenden Karten einzeln ausgesagt.

Legen mit beschränkter Kartenzahl

Wir wollen auch noch etwas über das Legen mit beschränkter Kartenzahl anfügen. Dabei wird die Personenkarte immer zuerst auf den Tisch gelegt, dann werden die Karten gemischt und entsprechend unseren Zeichnungen auf den Tisch gelegt.

Mit 8 Blatt wird ein Kreuz ausgelegt (die Reihenfolge der Karten ist aus der Numerierung auf unserer Zeichnung zu ersehen). Dabei werden zunächst die Karten 1–4 und danach erst die Karten 5–8 gedeutet.

Beliebt ist auch der *große Stern* (Abb. S. 22), eine Figur, die mit 21 Karten gelegt wird, bei der also 21 Karten in ihrer Be-

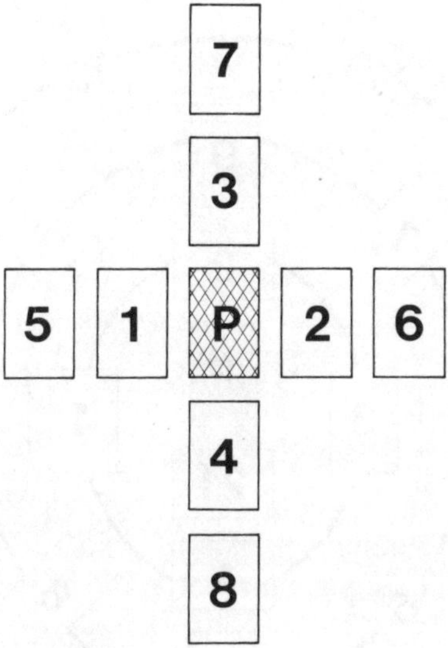

Beim Kreuzschema erklären die Karten 1–4 die nähere, die Karten 5–8 die fernere Zukunft.

ziehung zur Personenkarte gedeutet werden. Auch hier wird die Personenkarte zuerst auf den Tisch gelegt. Nach Mischen und dem beschriebenen Abheben werden die ersten 10 Karten zur Seite gelegt. Dann müssen die einzelnen Karten, wie es unsere Zeichnung zeigt, in der Reihenfolge 1 bis 21 ausgelegt werden.

Diese Reihenfolge ist übrigens keinesfalls bindend, Sie sollten aber zunächst unser Schema beachten, bis Sie geübter sind und vielleicht eine Variante dazu erfinden können.

Das Deuten geht ebenso in der hier gewählten Reihenfolge; die zunächst liegenden Karten beziehen sich auf das Näherliegende, die weiter entfernt liegenden Karten auf das später Kommende. Karte 21 ist die ganz persönliche Karte

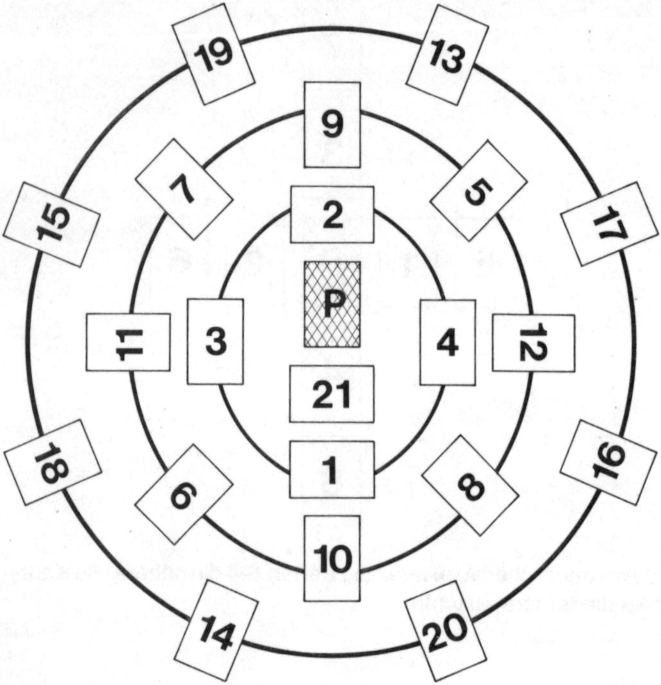

Beim großen Stern werden 21 Karten in ihrer Beziehung zur Personenkarte gedeutet.

des Fragestellers, die über seine momentane Situation aussagt.

Das Sieben-Karten-Orakel

Eine andere Variante ist das Auslegen von 7 Karten. Dabei wird die Personenkarte ebenfalls auf den Tisch gelegt, die übrigen Karten werden gemischt und in der beschriebenen Weise abgehoben und wieder zusammengelegt.

Dann decken wir die ersten 6 Karten nach diesem Schema auf:

- Die 1. auf die Personenkarte (»für mich«). Sie beinhaltet das persönliche Anliegen des Fragestellers oder der Fragestellerin;
- die 2. bezieht sich auf die Familie des Fragenden (»fürs Haus«);
- die 3. deutet Wünsche und Hoffnungen des Fragestellers oder der Fragestellerin (»was mich deckt«);
- die 4. erklärt seine (oder ihre) Befürchtungen, also das, was man nicht erwartet (»was mich schreckt«);
- die 5. sagt Ereignisse, die man nicht selbst beeinflussen kann, für den Fragenden voraus (»was mir bestimmt ist«);
- die 6. schließlich ergibt das, was die Zukunft für den Fragesteller oder die Fragestellerin parat hat (»was mir nicht entgeht«).

Sollte eine der Antworten nicht auf die Fragestellung passen, kann man eine oder zwei weitere Karten auflegen und von diesen die Antwort auf das Orakel bekommen.

Das Zigeuner-Schachbrett

Von Zigeunern stammt das nachfolgende Auslegeschema, das wegen seiner Form auch das »Zigeuner-Schachbrett« genannt wird:
Es werden 25 Karten in 5 Gruppen zu je 5 Karten ausgelegt. Jeweils eine Karte liegt in der Mitte, vier andere darum herum, wie unsere Zeichnung veranschaulicht.

- Zentrale Karte ist wieder die Personenkarte. Die 4 Karten, die um sie herumliegen, geben Auskunft über ganz persönliche Dinge, die dem Fragesteller oder der Fragestellerin zur Zeit am Herzen liegen.
- Die Gruppe links oben deutet, was mit dem Menschen

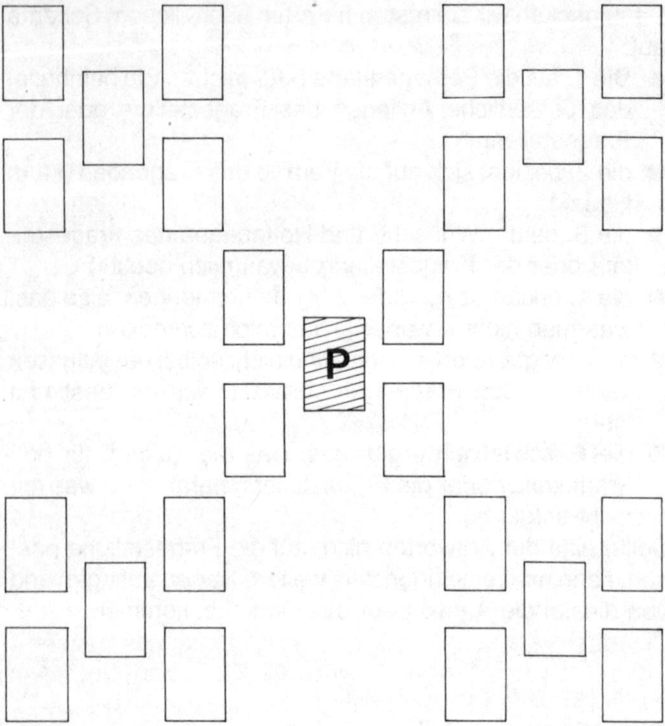

Mit 25 Karten wird das Zigeuner-Schachbrett ausgelegt, wobei zunächst die mittleren 5 Karten ausgedeutet werden.

los ist, der dem Fragesteller oder der Fragestellerin am nächsten steht.

- Die Gruppe rechts oben zeigt an, welche Aussichten der oder die Fragende im Beruf hat.
- Die nahe Zukunft dessen, dem man die Karten legt, wird von der Kartengruppe links unten geschildert, während

- die Kartengruppe rechts unten Aussagen über die fernere Zukunft des Fragestellers oder der Fragestellerin macht.

Bei jeder Kartengruppe beginnt man mit der Karte links unten, die man mit der mittleren und der rechts oben in Verbindung bringt. Dann geschieht dasselbe mit den Karten rechts unten, Mitte und links oben. Danach werden die unteren und die oberen beiden Karten gedeutet und schließlich alle Aussagen zu einem Gesamtüberblick zusammengefaßt.

Intuition ist alles!

Lassen wir es bei diesen Schemen bewenden, obwohl es noch Dutzende andere gibt, die von diesem oder jenem Kartomanten als besonders deutungskräftig geschildert werden. Der Intuition des einzelnen sind beim Kartenlegen keine Grenzen gesetzt.

Wir haben lediglich die gebräuchlichsten Schemen herausgesucht, um Sie mit der Technik des Kartenlegens bekannt zu machen, aber nicht durch ein Zuviel zu verwirren.

Nun kommen wir zu der Deutung der einzelnen Karten und lernen anschließend, wie man die Einzelaussagen ins Gesamtbild einbringt, sie also miteinander kombiniert.

Was die einzelnen Karten aussagen

Kartenlegen ist eine Kunst, die Einfallsreichtum, Kombiniergabe und Einfühlung in den Charakter dessen verlangt, dem man die Karten legt. Und nur der wird als guter Kartenleger anerkannt, der das, was die Karten aussagen, auch in lebhaften Bildern ausmalen kann.
Die Grundtendenz steht fest: Man weiß um die Bedeutung der einzelnen Karten, um Zweier- und Dreierkombinationen und schmückt sie aus. Man setzt wie ein Maler Farbtupfer in das Kolossalgemälde, das man von dem Individuum zeichnet, über das die Karten aussagen sollen.
Der perfekte Kartomant hält sich nicht unbedingt an Lehrbücher, er läßt die Erfahrung sprechen und deutet dann möglicherweise die eine oder andere Karte anders, als er es einmal gelernt hat. Solche Erfahrungen haben wir in nachstehende Erklärung der einzelnen Kartenwerte eingearbeitet. Trotzdem handelt es sich hier um die »Generallinie«, auf der man vorgehen sollte, wenn man selbst den Versuch unternimmt, die Karten sprechen zu lassen.
Wir haben das sogenannte französische Kartenspiel genommen, bei dem es einige Werte gibt, die zweifach zu deuten sind, deren oberes Bild dem unteren also nicht gleicht, wie etwa die Sieben, die oben 5 und unten nur 2 Zeichen hat.
Über die Bedeutung der Persönlichkeitskarten sprachen wir bereits. In unserer nachstehenden Aufstellung haben wir sie nach dem gedeutet, was sie aussagen, wenn ein anderes Blatt die Persönlichkeitskarte ist.

Karo

Die Kartenfarbe Karo (oder Eckstein) weist im allgemeinen auf Finanzielles, aber auch auf Glück im persönlichen

Bereich hin. Wenn viele Karo-Karten beieinanderstehen, so kann man auf viel Geld hinweisen, das der gewinnen kann, dem man die Karten legt. Hier nun die Aussagen der einzelnen Karten:

Karo-Sieben *Richtig* (fünf Karos im oberen Teil): Veränderung im günstigen Sinn, wie Vermögensgewinn, der einen größeren Hausstand oder eine bessere Stellung ermöglicht; auch: Unruhe, die durch Reisen oder Einladungen hervorgerufen wird. Man sehnt sich weg aus dem lauten Großstadtleben und hofft, in ländlicher Stille glücklich zu werden. Bei entsprechenden anderen Karten kann auch von Liebeserfüllung die Rede sein.

Verkehrt: Verluste, die zu Einschränkungen führen müssen; auch: innere Unruhe oder Unbeständigkeit im Lebenswandel.

Karo-Acht Kleines Geld oder kleines Geschenk, finanziell gesehen also Einnahmen, im übertragenen Sinn eine günstige Neuigkeit oder eine Unterredung, die gut verläuft. Im Beruf kann möglicherweise eine positive Veränderung eintreten.

Karo-Neun Geschäftlicher Zugewinn, materielle Vorteile, bei denen es sich um kleinere Geldsummen handelt; auch: Überraschung (das kann zum Beispiel eine kleine Reise sein). Bei entsprechenden anderen Karten verspricht Karo-Neun besonderen Erfolg im Beruf.

Karo-Zehn Reichtum durch Lotterie- oder Lottogewinn, Vermögen durch einen reichen Partner oder eine Erbschaft; die Karo-Zehn deutet immer auf große materielle Vorteile, vor allem große Geschäftsgewinne hin, die in hartem Einsatz selbst erarbeitet werden. Viel Geld ist also immer im Spiel, im übertragenen Sinne das große Glück, das eine Freundschaft oder ein freudiges Ereignis schenken, eine erlebnisreiche Reise oder ein günstiger Wohnungswechsel.

Karo-Bube Eine ausgesprochene Verbindungskarte! Glücksbote, der im günstigen Sinn auf eine gute Anstellung oder Chancen im Glücksspiel hinweist; auch: die Gedanken dessen, dem man die Karten legt. Im ungünstigen Fall, wenn andere Karten Negatives aussagen: eine recht selbstsüchtige Person, vor der man sich hüten muß.

Karo-Dame Freundin, Schwester, Braut oder Geliebte; symbolisiert aber auch die unverheiratete Frau, der man die Karten legt. Die Karo-Dame gilt als Karte der Hoffnung im Hinblick auf eine günstige Wendung des Schicksals. Das kann für Männer eine Besserstellung durch die Bekanntschaft mit einer reichen, auf jeden Fall angesehenen Dame bedeuten, für Frau wie Mann aber auch einfach eine gute Freundin, die einen günstigen Einfluß ausübt.

Karo-König Freund, Bruder, Bräutigam oder Geliebter; symbolisiert auch den unverheirateten Mann, dem man die Karten legt, sonst aber einen unverheirateten Mann aus der Nachbarschaft oder einen Herrn, der gute Dienste leisten kann, etwa einen Geschäftspartner oder jemand, der einem hilft, im Beruf voranzukommen.

Karo-As Schriftstück oder Botschaft; es kann sich dabei auch um einen Liebesbrief oder eine geschäftliche Mitteilung handeln. Ob es sich um eine gute oder schlechte Nachricht dreht, entscheiden immer die Karten, die neben Karo-As liegen. Hier kann es sich auch um das Glück im Spiel handeln, das manchmal Zugewinn, oft leider auch Verluste verspricht.

Herz

Die Kartenfarbe Herz bedeutet meist Angenehmes. Im allgemeinen wird sich alles zum Guten wenden, wenn gleich mehrere Herz- oder doch zumindest rote Karten in unmittelbarer Nachbarschaft der Personenkarte liegen. Das Glück, vor allem auch in der Liebe, ist dann dem sicher, dem man die Karten legt.

Herz-Sieben *Richtig* (wenn die meisten Herzspitzen nach unten zeigen): Herzenskarte, die Freude und angenehme Gedanken verspricht. Sie deutet auf ein glückliches Gelingen, immer aber auf Erfreuliches in der Liebe oder in der Familie hin. Oft ist hier auch die heimliche Liebe gemeint – vor allem, wenn Herz-Sieben neben oder unterhalb der Personenkarte liegt.

Verkehrt: Geheimnis anderer Menschen, hinter das man mit Hilfe der Nachbarkarten gelangen kann; in diesem Fall deutet die Karte auf Zufälle hin, die einem das Leben beschert. Liegt Herz-Sieben direkt angrenzend unter der Personenkarte, kann das auch auf Untreue hinweisen.

Herz-Acht *Richtig* (meiste Herzspitzen nach unten): der eng umgrenzte Lebensraum, das Herannahen eines guten Ereignisses; auch: baldiges freudiges Wiedersehen, gute Gedanken, Zuneigung; bei Krankheiten: Besserung.

Verkehrt: baldiger Wechsel zu dem, was Nachbarkarten aussagen; auch: die Zuneigung eines Herzallerliebsten wendet sich jemand anderem zu oder wird von einer gewissen Gleichgültigkeit abgelöst. Herz-Acht verkehrt kann auch auf einen schlechten Gesundheitszustand hinweisen.

Herz-Neun *Richtig* (meiste Herzspitzen nach unten): Wunscherfüllung, Glück in der Liebe, Verlobung, überschwengliche Freude; auch: die sichere Gewißheit, daß man vom Wunschpartner geliebt wird. Man gerät in eine Lebensphase, in der man durch nichts aus der Bahn geworfen werden kann.

Verkehrt: unsicheres Glück; auch Kindstaufe (bei der es ja noch ungewiß ist, wie sich das Kind entwickeln wird).

Herz-Zehn Hochzeitskarte, die Unverheirateten eine Heirat in Aussicht stellt. Sie deutet immer auf großes Glück in der Ehe, auf viel Freude hin, kündigt auch die Ankunft eines geliebten Menschen an; im übertragenen Sinn läßt sie gute Nachrichten erwarten, die auf die baldige Lösung eines Problems hinweisen können.

Herz-Bube Treuekarte, die aber auch einen treuen Mann aus der eigenen Umgebung versinnbildlicht, bei Eltern oft ein Sorgenkind, dem man viel Liebe schenken muß. Herz-Bube deutet auf Hilfe hin, die dem Fragenden gewährt wird, ebenso auf Wunscherfüllung. Sie kann nebenbei über die guten Gedanken dessen aussagen, dem man die Karten legt.

Herz-Dame Herzensdame, die auch die verheiratete Frau symbolisiert, der man die Karten legt. Sonst Ehefrau, Braut oder Mutter des Fragenden, andernfalls eine verheiratete Frau aus der engeren Nachbarschaft, auf jeden Fall eine gute Person.

Herz-König Herzenskönig, der auch den verheirateten Mann symbolisiert, dem man die Karten legt: Ehemann oder – bei jungen Mädchen etwa – der Vater. Sonst ein sympathischer Mann, dessen Bekanntschaft Vorteile verspricht, weil er meist sehr begütert ist; auch: unverheirateter Mann aus der nächsten Umgebung, der sehr verliebt zu sein scheint.

Herz-As *Richtig:* das eigene Haus und die Familie. Es deutet auf geordnete Verhältnisse hin, auf ein Festhalten an guten alten Traditionen. Im übertragenen Sinn weist es auf die engere Verwandtschaft oder auf eine freudige Begegnung hin.

Verkehrt: Hier werden Veränderungen im häuslichen Kreis, wie etwa ein Umzug, angedeutet; es kann sich aber auch um eine einschneidende oder schmerzliche Veränderung handeln, die aus den Nachbarkarten dann genauer herauszulesen ist.

Kreuz

In mancher Hinsicht hat man sein Kreuz zu tragen, wenn Kreuzkarten gehäuft in der Nähe der Personenkarte liegen. Aber manches, das eine einzelne Kreuzkarte schlecht auslegt, wird sich neben anderen Karten in Wohlgefallen auflösen.

Kreuz-Sieben *Richtig* (wenn die meisten Kreuzstiele im oberen Teil nach unten zeigen): Tränen, Kummer, Leid oder auch nur Unsicherheit, ein Hindernis oder die Verzögerung einer Wunschvorstellung. Kreuz-Sieben zeigt ebenso Illusionen an, die sich der Fragende macht.

Verkehrt: Fehlschlag, Feindschaft, unglückliche Liebe, aber auch Trennung von etwas, das man liebt, oder rasende Eifersucht.

Kreuz-Acht *Richtig:* eine Leidenschaft, die schnell vorübergeht, manchmal auch Krankheit oder Sorgen und psychische Spannungen. Als Zeitbestimmung: kurze Zeitspanne unter einem Jahr (oft nur einige Wochen). Als Personenbestimmung: ein junges Mädchen mit dunklem Haar.

Verkehrt: Eifersuchts- und Verzögerungskarte, die auch auf Unglücksfälle und auf Umwege, die man auf dem Lebensweg machen muß, hinweisen kann.

Kreuz-Neun *Richtig:* Büro, Arbeitsstelle oder Amt, auch Amtshandlung. Sie deutet daneben auf Verluste, auf Zufälle und Veränderungen (etwa kleine Reisen) hin.

Verkehrt: Kampf, der die Weiterentwicklung verzögert, nicht allzu schnelle Überwindung von Hindernissen, die sich einem in den Weg stellen. Begründete Eifersucht macht möglicherweise das Zusammenleben zur Qual. Falsche Freunde raten zu Dingen, die den Lebensweg in die falsche Richtung führen.

Kreuz-Zehn Karte des Ärgers, der sich auf Strafsachen und Prozesse bezieht. Oft sind Unstimmigkeiten im persönlichen Bereich angezeigt. Kreuz-Zehn deutet auf große Reisen oder großes Geld hin, wenn die Nachbarkarten besonders günstig liegen. Als Personenkarte stellt sie einen Fremden, eventuell einen Ausländer dar.

Kreuz-Bube Amtlicher Glücksbote, der zum Beispiel eine günstige Mitteilung des Finanzamtes überbringen kann. Er deutet aber auch auf eine unerwartete Botschaft, eine gute Nachricht hin. Mit Nachbarkarten verdeutlicht er die Aussicht auf einen Erfolg. Dann kann er auch zur negativsten Karte werden, die Kraft, die das Gute will und doch das Böse schafft. Kreuz-Bube zeigt manchmal unsere eigenen trüben Gedanken an. Als Personenkarte stellt sie einen jungen Mann mit dunklen Haaren dar.

Kreuz-Dame Verwandte, meist Schwägerin, aber auch Witwe, die einem nahesteht, oder nicht ganz enge Freundin. Sie stellt auch eine vornehme Dame aus der Nachbarschaft, eine Vorgesetzte oder Lehrerin dar, ebenso eine ältere Dame oder eine Frau, die stets hilfreich zur Seite steht. Es handelt sich dabei meist um eine dunkelhaarige Person. Kreuz-Dame wird in Verbindung mit bestimmten anderen Karten als eine Frau geschildert, vor der man sich in acht nehmen muß.

Kreuz-König Ein vornehmer und oft hochgestellter Herr (eventuell der Chef) aus der eigenen Umgebung, aber auch eine höhere Amtsperson. Entweder Witwer oder älterer Herr, der zur Kreuz-Dame gehört und der wie sie hilfreich eingreifen kann. Ein Mann, dessen Rat man suchen sollte, zumal er oft einen Beruf hat, in dem man Ratsuchenden helfen muß (also Arzt, Anwalt oder dergleichen). Es kann sich beim Kreuz-König um Vater oder Schwiegervater dessen handeln, dem man die Karte legt, aber auch um einen stillen Verehrer.

Kreuz-As *Richtig:* größeres Geschenk (etwa ein kostbarer Ring) oder eine besondere Neuigkeit, wie die Bekanntgabe einer Erbschaft oder ein günstig verlaufender Prozeß, aber auch eine Nachricht, die freilich mit Ärger verbunden ist.

Verkehrt: In diesem Fall zeigt das Kreuz-As vergängliches Glück an, wie etwa den Lottogewinn, der schnell verpulvert wird. Es deutet im ungünstigsten Fall auf Krankheit hin, jedoch müssen dann die Nachbarkarten entsprechend liegen. Jedenfalls droht von irgendeiner Seite Unheil.

Pik

Auch Pik ist eine Kartenfarbe, die mehr Negatives als Positives schildert. Zum mindesten aber läßt sie der Hoffnung breiten Raum, daß sich manches zum Guten wenden kann, was da in einzelnen Pikkarten möglicherweise recht düster ausgemalt wird.

Pik-Sieben *Richtig* (die meisten Pik im oberen Teil): Verlust, Streit, Fehlschlag, Ärger sind die Attribute der Pik-Sieben. Wenn sie aber entsprechende Nachbarkarten hat, kann sie auch auf Zärtlichkeit hinweisen. Liegt sie über oder unter einer jüngeren Person, der man die Karten legt, kann das auch auf Familiennachwuchs schließen lassen.

Verkehrt: ungünstiger Ausgang dessen, was die Nachbarkarten aussagen; auch: unglückliche Liebe.

Pik-Acht *Richtig:* Auch sie bringt Ärger, bedeutet Mißgunst, Eifersucht, Krankheit, Hindernisse, auch schwere Arbeit. Als Zeitbegriff steht sie für die Abendstunde. Bei entsprechenden Nebenkarten deutet Pik-Acht auf eine mögliche kurze Reise oder einen angenehmen Besuch hin.

Verkehrt: Eine Hoffnung wird getäuscht; Heimweh oder Traurigkeit spiegelt Pik-Acht ebenso wider.

Pik-Neun *Richtig:* Schwere Unannehmlichkeiten oder Krankheit, aber auch Vermögensverluste sind bei entsprechenden anderen Karten angesagt.

Verkehrt: Gefahr oder ein Schicksalsschlag drohen. Man muß ein Risiko eingehen, um zum Ziel zu gelangen. Die Falschheit triumphiert.

Pik-Zehn Existenzkarte, die sich aus den Nachbarkarten im guten oder schlechten Sinn deuten läßt. Sie sagt über Beruf und Erwerbsmöglichkeiten aus, steht aber auch für eine glückliche Reise und für die Klugheit des Fragenden. Ihre Zeit ist die Nacht, die von ihr beschriebene Zeitdauer ist meistens länger als ein Jahr. Manchmal hebt sie die gute Vorbedeutung anderer Karten auf.

Pik-Bube Ein schlimmer Schlingel, der Fehlschläge und Intrigen ankündigt, der als Freund und Liebhaber meist das sogenannte schmutzige Verhältnis darstellt. Diese Karte steht aber auch für Falschheit und Unaufrichtigkeit, was jedoch nicht damit zusammenhängt, daß sie ebenfalls eine Gerichtsperson bedeuten kann. Nur bei entsprechenden Nebenkarten ist Pik-Bube einer, der es gut mit dem meint, dem man die Karten legt.

Pik-Dame Auch sie ist oft eine unangenehme Person, eine Klatschbase aus der eigenen Umgebung oder eine ältere Dame mit nicht allzu gutem Charakter. Die Pik-Dame kann die Schwiegermutter darstellen, die ja von vielen Eheleuten als die »böse« eingestuft wird; böse ist sie aber nur, wenn das auch die Nachbarkarten aussagen. Pik-Dame kann manchmal auch für eine Witwe oder ein junges, unverheiratetes Mädchen stehen, eventuell die eigene Tochter oder Schwester.

Pik-König Ein älterer Herr, vor dem man sich hüten muß, oft ist er der Anwalt der Gegenpartei, es kann auch der eigene Vater oder Schwiegervater gemeint sein. Auf jeden Fall ist es ein kluger Herr. Als Nebenbuhler tritt er manchmal ins Kartenbild eines Mannes, dem man die Karten legt.

Pik-As *Richtig:* Unheil, Schreck, Schande und Ärger bringt diese Karte, weshalb sie auch den Gerichtsvollzieher darstellt, freilich auch die alles überwindende Gerechtigkeit. *Verkehrt:* Verlust, Überfall, Raub und Diebstahl sind möglich, auf jeden Fall eine kleine oder größere Enttäuschung.

★

Soweit die Bedeutung der einzelnen Karten, die beim Kartenlegen natürlich kombiniert werden muß mit der Bedeutung der Karten, die in unmittelbarer Nachbarschaft liegen. Bei dieser Kombination kann sich oft etwas ganz Konträres herausstellen, Gutes in Böses verkehren und Böses in Gutes. Manchmal wird man die Wirkung abschwächen müssen, manchmal verstärken. Dabei kommt es, wie schon gesagt, ganz auf den Einfallsreichtum des Kartenlegers an.

Zweierkombinationen

Wir wollen den Versuch unternehmen, einmal Kartenkombinationen auszulegen, wobei wir aufzeigen wollen, wieviel Spielraum dem Kartenleger in der Beurteilung der Karten bleibt. Hier ist zunächst von sogenannten Zweierkombinationen die Rede, die man am besten tabellarisch festhalten kann.
Sollten Sie gerade erst anhand dieses Buches das Kartenlegen erlernen wollen, so sollten Sie bei Benutzung unserer Aufstellung berücksichtigen, daß hier Zweierkombinationen, die nicht unter ihrer Farbe zu finden sind, bereits vorher unter einer anderen Farbe aufgeführt wurden. Da wir mit Karo beginnen, haben wir dort alle Kombinationen der einzelnen Karokarten mit den Karten von Karo, Herz, Kreuz und Pik genannt, unter Herz finden Sie die Kombinationen mit Herz, Kreuz und Pik, unter Kreuz die Kombinationen mit Kreuz und Pik und unter Pik nur noch die Kombination mit Pikkarten, da jene mit Karo, Herz und Kreuz bereits unter diesen Farben aufgeführt wurden.
Hier also die Aufstellung, die – falls die entsprechenden Karten verkehrt liegen – individuell abgewandelt wurde. Es handelt sich um Deutungsvorschläge, die von vielen Kartomanten so erklärt werden. Natürlich bleibt noch genügend Spielraum für Sie, eigene Ideen in das einzubringen, was die Karten in einem ganz speziellen Fall aussagen mögen.

Karo-Sieben

mit Karo-Acht: Man spricht über Sie, weil Sie es vielleicht zu mehr gebracht haben als andere. Da aber der Neid manchmal seltsame Blüten treibt, könnten Sie, negativ gesehen, zum Klatschobjekt Ihrer Umgebung werden.

Liegt Karo-Sieben verkehrt, kann ein möglicher Verlust ausgeglichen werden.
mit Karo-Neun: Ein finanzieller Gewinn, der allerdings nicht allzu groß sein dürfte, kann mögliche Schulden abdecken.
Oder: Man schmiedet Reisepläne, die am Geld nicht scheitern werden.
Karo-Sieben verkehrt: kein Erfolg in Geldsachen.
mit Karo-Zehn: Ein Geldgewinn, der von allen Sorgen befreit, steht ins Haus. Möglicherweise kann man sich eine neue Wohnung leisten.
Karo-Sieben verkehrt: Ihr Einsatz lohnt sich nicht.
mit Karo-Bube: Ein Mensch, den man irgendwie übergangen hat, ist darob beleidigt und versucht, Ihnen eins auszuwischen. Im günstigen Fall: Man wagt ein Spiel und gewinnt.
Karo-Sieben verkehrt: Ein Egoist spielt Ihnen einen Streich.
mit Karo-Dame: Eine Dame läuft Ihnen über den Weg, die sehr eitel ist und sich auf ihr feudales Zuhause etwas einbildet.
Oder: Das Glück wendet sich zu Ihren Gunsten, Sie werden zufriedengestellt.
Karo-Sieben auf dem Kopf: Eine Freundin spielt verkehrt.
mit Karo-König: Sie werden eine Reise zu zweit machen, auf der es zu einigen Abenteuern kommen kann und deren Ausgang daher im Nebelhaften liegt.
Zweite Version: Sie haben jemanden, der Sie fördert und dafür sorgt, daß Sie auf einen grünen Zweig kommen.
Karo-Sieben verkehrt: Ein Mann bringt Sie zur Räson, wenn Sie ausflippen sollten.
mit Karo-As: Sie werden sich, nachdem Sie einen Brief oder eine bestimmte Nachricht erhalten haben, verändern. Sollte es sich dabei um einen Liebesbrief handeln, kann das auch eine Veränderung des Hausstands bedeuten. Ansonsten ist immer ein wenig Geld im Spiel, das zu Ihrem Nutzen aufgewendet wird.

Karo-Sieben verkehrt: Ein Brief enttäuscht Sie.
mit Herz-Sieben: Nachwuchs ist im Haus zu erwarten – wahrscheinlich ein Junge!
Beide Karten verkehrt: Sie können ein Geheimnis nicht für sich behalten.
mit Herz-Acht: Man unternimmt eine Reise, um einen lieben Menschen wiederzusehen, der vielleicht krank war.
Liegen beide Karten verkehrt, deutet das auf Verluste hin, die man lieber geheimhalten möchte.
mit Herz-Neun: Ein Wunsch geht in Erfüllung, der mit einer Ortsveränderung in Zusammenhang steht. Hier kann auch von einer Hochzeit die Rede sein, bei der es an nichts fehlen wird.
Liegen beide Karten verkehrt, geht man zu zweit einer etwas unsicheren Zukunft entgegen.
mit Herz-Zehn: Eine glückhafte Veränderung wird bald eintreten – bei Unverheirateten eine baldige Hochzeit.
Liegt Karo-Sieben verkehrt, wird ein Problem erst nach vielen Mühen gelöst.
mit Herz-Bube: Sie lernen einen netten Menschen kennen. Möglicherweise aber kommt auch nur eine gute Nachricht ins Haus, die mit einer Reise in Verbindung steht.
Steht Karo-Sieben auf dem Kopf, ist Hilfe nahe, durch die vielleicht Verluste ausgeglichen werden können.
mit Herz-Dame: Ihre Herzensdame spielt für Sie Frau Fortuna (bei männlichen Fragestellern). Fortuna schüttet ihr Füllhorn aus, mit anderen Worten: Geld geht ein (bei weiblichen, aber auch bei männlichen Fragenden).
Bei einer verkehrt liegenden Karo-Sieben ist der Geldeingang freilich schleppend.
mit Herz-König: Eine Veränderung in einer Herzensangelegenheit kann das ganze bisherige Leben umkrempeln.
Verluste sind selbst bei verkehrt liegender Karo-Sieben nicht zu erwarten.
mit Herz-As: Im eigenen Heim oder in der eigenen Familie wird sich einiges verändern.

Stehen beide Karten auf dem Kopf, kann die Veränderung einiges Geld kosten, möglicherweise auch eine Absage an liebe Gewohnheiten.

mit Kreuz-Sieben: Eine Veränderung in den Lebensgewohnheiten, die viel Kummer mit sich bringt.

Liegen beide Karten verkehrt, kann das bei verheirateten Leuten eine Trennung bedeuten, ob für immer – darüber können nur weitere Karten aussagen.

mit Kreuz-Acht: Sie werden sehr bald verreisen, bestimmt aber Abschied nehmen müssen.

Liegen beide Karten verkehrt, ist ein unbeständiger Lebenswandel angezeigt, zumindest verzögert sich der mögliche Aufstieg im Beruf.

mit Kreuz-Neun: Da Sie sich irgendwie falsch verhalten haben, sollten Sie Ihren Kollegen gegenüber äußerst vorsichtig sein.

Beide Karten verkehrt: Sie kommen erst nach verlustreichem Kampf auf einen grünen Zweig.

mit Kreuz-Zehn: Nach einigem Ärger erhalten Sie von einer Amtsstelle Geld zurück.

Liegt Karo-Sieben verkehrt, sorgt ein Fremder für Verluste, die Sie zum Sparen zwingen.

mit Kreuz-Bube: Sie werden auf Reisen Erfolg haben, aber auch ein unruhiges Leben führen müssen.

Steht Karo-Sieben auf dem Kopf, haben Sie möglicherweise eine etwas ungünstige Nachricht aus dem Finanzamt zu erwarten.

mit Kreuz-Dame: Eine Frau hilft Ihnen, einschneidende Veränderungen durchzuführen.

Eine recht anspruchsvolle Freundin ist im Spiel, die einiges kosten wird, wenn Karo-Sieben verkehrt liegt.

mit Kreuz-König: Sie können damit rechnen, daß Sie Ihr Chef bei einem beruflichen Unternehmen unterstützen wird.

Wenn Karo-Sieben auf dem Kopf steht, kann das bei

Damen bedeuten, daß ein stiller Verehrer viel Unruhe ins Leben bringt.
mit Kreuz-As: Eine Erbschaft ist fällig, zumindest ein größerer Vermögenszuwachs, der eventuell freilich erst in einem Gerichtsverfahren erkämpft werden muß.
Sie versuchen manchmal, das Geld regelrecht aus dem Fenster zu werfen, wenn beide Karten verkehrt liegen.
mit Pik-Sieben: Sie werden Ihr Heim verlassen, möglicherweise zu einem Krankenhausaufenthalt.
Ungünstig ist der Verlauf einer problematischen Situation, wenn beide Karten verkehrt liegen; unglückliche Liebe endet dann im Chaos.
mit Pik-Acht: Sie werden erst sehr spät dazu kommen, sich ein gemütliches Heim einzurichten.
Wenn Sie aber eines besitzen, so könnten Sie Gefahr laufen, es wieder zu verlieren, wenn beide Karten verkehrt liegen. Manchmal bringt diese Kartenverbindung viel Unruhe am Abend.
mit Pik-Neun: Sie machen sich Sorgen um Ihr Vermögen oder um Ihr Einkommen. Das kann sich bis zur fixen Idee ausweiten.
Stehen beide Karten auf dem Kopf, gehen Sie zu große Risiken ein und programmieren dadurch im voraus Verluste.
mit Pik-Zehn: Eine einschneidende Veränderung ist möglich; sie könnte auch – wenn Karo-Sieben verkehrt liegt – in Zusammenhang mit einem Todesfall stehen. Auf jeden Fall scheint Ihre Existenz erst nach langer Zeit gesichert zu sein.
mit Pik-Bube: Jemand kündigt Ihnen seine Freundschaft auf; eventuell brechen auch Sie selbst mit jemandem, den Sie bisher für Ihren Freund gehalten haben, der Sie aber restlos enttäuschte.
Möglicherweise kostet Sie eine Trennung einiges Geld – zumal dann, wenn Karo-Sieben auf dem Kopf steht.
mit Pik-Dame: Hüten Sie sich vor einer Frau, die Ihnen

alles Schlechte wünscht. Sie sollten dieser Dame aus dem Wege gehen.
Liegt Karo-Sieben verkehrt, haben Sie im Familienkreis Schwierigkeiten mit einer Verwandten, mit der Sie es sonst gut meinen.
mit Pik-König: Ein Herr hilft Ihnen auf die Sprünge, aber Sie werden erst sehr spät merken, daß damit eine Veränderung in Ihrem eigenen Heim vorbereitet wird.
Karo-Sieben verkehrt: Bei einem Prozeß haben Sie einen gefährlichen Gegner, der Ihnen hart zusetzen wird.
mit Pik-As: Sie haben ein erschreckendes Erlebnis, das Sie völlig durcheinanderbringen kann.
Liegt Pik-As verkehrt, kann es sich um eine Erbschaft handeln, der ein trauriger Anlaß vorausgeht.
Steht auch Karo-Sieben auf dem Kopf, werden Ihre Erwartungen in finanzieller Hinsicht enttäuscht.

Karo-Acht

mit Karo-Neun: Sie werden eine Reise unternehmen, die Ihnen auch einen geschäftlichen Zugewinn bringen kann. Vielleicht ist eine kleine Gehaltsaufbesserung fällig.
mit Karo-Zehn: Jetzt ist die Reise schon erheblich größer, führt Sie möglicherweise sogar ins Ausland. Die Eindrücke, die Sie mitbringen werden, halten ein ganzes Leben vor. Vielleicht erfahren Sie auch, daß man Sie in eine bessere Stellung versetzt, die eventuell mit einem Wohnungswechsel verbunden ist.
mit Karo-Bube: Sie scheinen an einen Verschwender geraten zu sein.
Zweite Version: Der Geldbote klopft an die Tür und bringt Ihnen überraschend klingende Münze.
mit Karo-Dame: Die Dame, mit der Sie es hier zu tun haben, scheint sehr viel von kleinen, aber teuren Geschenken zu halten – Vorsicht, daß Sie sich nicht übernehmen.

Oder: Das Schicksal hält über kurz oder lang eine Aufbesserung für Sie bereit.
mit Karo-König: Sie brauchen bei einem Plan, den Sie schon lange haben (Eheplan?), einen guten Verbündeten. Möglicherweise haben Sie auch einen Gönner, der Sie im Beruf fördert und für eine sichere Karriere sorgt.
mit Karo-As: Diesmal ist es eine Botschaft, die Sie versenden; dabei deutet die Acht mit ihren beiden Ringen auf einen Verlobungsring hin. Es könnte sich dabei auch um die Mitteilung einer Verlobung handeln. Wenn Sie schon verheiratet sind, wird sich wohl jemand aus Ihrer Familie mit Heiratsgedanken beschäftigen.
mit Herz-Sieben: Die Zuneigung in der Ehe oder der Familie scheint ein wenig durch allzu großen beruflichen Einsatz gestört zu sein. Sie haben es in der Hand, das zu ändern.
Liegt Herz-Sieben verkehrt, kommen Sie einem Geizkragen auf die Schliche.
mit Herz-Acht: Sie können einige gute Geldgeschäfte tätigen. Vielleicht müssen Sie auch einiges Ihrer Gesundheit zuliebe zahlen.
Steht Herz-Acht auf dem Kopf, könnte Sie die Jagd nach dem Geld krank machen.
mit Herz-Neun: Sie werden selbst dann geliebt, wenn Sie nicht soviel Geld auf der hohen Kante liegen haben.
Herz-Neun verkehrt: Sie erfahren vielleicht, daß in Ihrer Familie Nachwuchs zu erwarten ist.
mit Herz-Zehn: Sie verreisen mit einem geliebten Menschen ins Land der Sehnsucht (das kann auch eine Hochzeitsreise sein). In einer glücklichen Ehe haben Sie die Möglichkeit, zu Geld und Ansehen zu gelangen.
mit Herz-Bube: Man hat einen Freund gefunden, auf den man sich verlassen kann. Bei Eltern: Ihr Sorgenkind ist über den Berg und wird Ihnen von nun an nur Freude machen.
mit Herz-Dame: Man kommt Ihnen entgegen, und das nicht nur auf finanziellem Gebiet. Ist der Fragesteller männlichen

Geschlechts, wird er von seiner Herzensdame eine erfreuliche Neuigkeit erfahren.
mit Herz-König: Wenn Sie nicht genug Geld haben, wird Ihnen ein freundlicher Herr etwas leihen. Bei einer Fragestellerin kommt es mit dem Freund (oder Ehemann) zu einem glückhaften Gespräch.
mit Herz-As: Sie erhalten eine gute Nachricht, die Ihre Verhältnisse stabilisieren wird.
Herz-As verkehrt: Eine Veränderung (eventuell ein Umzug) steht ins Haus, die Sie einiges Geld kosten wird, aber günstig verläuft.
mit Kreuz-Sieben: Ihrem finanziellen Vorwärtskommen stehen einige Hindernisse entgegen. Für junge, unverheiratete Leute heißt das: Mit der Heirat wird es vorerst nichts.
Kreuz-Sieben verkehrt: Eine Geldanlage kann sich als Fehlschlag erweisen.
mit Kreuz-Acht: Sie haben eine Unterredung mit einer Person des anderen Geschlechts, die darauf hinausläuft, daß Sie sich mit ihr in Liebe verbinden. Es kann sich aber auch nur um einen heißen Flirt handeln.
Wenn Kreuz-Acht verkehrt liegt, ist auf jeden Fall Eifersucht im Spiel oder eine Trennung, die teuer zu stehen kommt.
mit Kreuz-Neun: Eine kleine Reise ist möglich, die aber nicht allzuviel einbringt, vielleicht auch eine kleinere Rückzahlung vom Finanzamt.
Kreuz-Neun verkehrt: Falsche Freunde sorgen für Verzögerungen im Beruf.
mit Kreuz-Zehn: Gespräch mit einem Fremden, das mehr verspricht, als es hält.
Zweite Version: Man erhält durch Zufall einen kleineren Geldbetrag, den man auf die hohe Kante legt.
mit Kreuz-Bube: Sie haben beim Geldverdienen einen Konkurrenten bekommen, der aber fair bleibt.
Oder: Ein nicht allzu hoher Geldeingang ist in den nächsten Tagen fällig.

mit Kreuz-Dame: Eine nahestehende Dame erwartet, daß man ihr ein kleines Geschenk macht. Möglicherweise erfährt man auch nur von einer Nachbarin eine Neuigkeit, die positiv zu bewerten ist.

mit Kreuz-König: Man bringt Sie in geordnete Verhältnisse.

Oder: Sie sollten sich mal von einem Fachmann beraten lassen.

mit Kreuz-As: Aussicht auf mehr Geld, vielleicht eine Gehaltserhöhung.

Kreuz-As verkehrt: Sie verpulvern Ihr Geld ohne Rücksicht auf Verluste!

mit Pik-Sieben: Sie kommen in Geldschwierigkeiten, die Sie aber meistern werden.

Pik-Sieben verkehrt zeigt Verluste an, die nur schwer ausgeglichen werden können.

mit Pik-Acht: Sie müssen sich darauf einrichten, wegen einer Krankheit einiges Geld auszugeben.

Wenn Pik-Acht auf dem Kopf steht, wird die Hoffnung, daß sich Ihre finanziellen Verhältnisse bessern werden, getäuscht.

mit Pik-Neun: Ihre Einnahmen könnten von den Ausgaben übertroffen werden; mit anderen Worten: Sie sollten sich auf finanzielle Schwierigkeiten einrichten, um sie leichter überwinden zu können.

Pik-Neun verkehrt: Nur wenn Sie ein finanzielles Risiko eingehen, werden Sie ans Ziel gelangen.

mit Pik-Zehn: Möglicherweise müssen Sie jetzt im Beruf oder im Geschäft kleine Brötchen backen. Aber das wird Ihrem häuslichen Glück keinen Abbruch tun.

mit Pik-Bube: Jemand verursacht Unannehmlichkeiten in Geldsachen. Trauen Sie also niemandem über den Weg, der sich bei Ihnen einschmeicheln will.

mit Pik-Dame: Ums liebe Geld muß gestritten werden, es kann sein, daß Sie den kürzeren ziehen.

Zweite Version: Eine nahe Verwandte bittet Sie um Geld, Sie sollten es ihr nicht verwehren.
mit Pik-König: Sie sollten auf der Hut sein; denn man versucht, Sie in (Geld-)Verlegenheit zu bringen. Das kann auch durch einen verlorenen Prozeß geschehen.
mit Pik-As: Sie sollten sich über einen kleineren Geldverlust nicht ärgern!
Oder: Der Gerichtsvollzieher klopft bei Ihnen an, aber es handelt sich zum Glück nur um eine kleine Summe.

Karo-Neun

mit Karo-Zehn: Sie werden auf einer großen Reise viel erleben und noch eine Menge Geld mit nach Hause bringen.
Zweite Version: Erfolg im Beruf wird Ihnen auch eine Gehaltsaufbesserung einbringen.
mit Karo-Bube: Sie haben die Chance, in einem Glücksspiel einen kleineren Treffer zu machen.
Oder: Sie sind in Gedanken schon im Urlaub.
mit Karo-Dame: Bei einem Fragesteller deutet diese Kombination auf einen Flirt hin, sonst auf einen kleinen Gewinn oder auf eine gute Freundin, die für eine freudige Überraschung sorgt.
mit Karo-König: Bei einer Fragestellerin deutet diese Kombination auf einen Flirt hin, sonst auf die günstige Vermittlung bei einem Geldgeschäft oder auf einen guten Nachbarn, der einem aus der Patsche hilft.
mit Karo-As: Eine überraschende Botschaft wird Ihnen viel Freude bereiten.
Andere Version: Sie haben Glück im Spiel, sollten aber mit einer kleineren Gewinnsumme zufrieden sein.
mit Herz-Sieben: Eine Reise wird zu einem glückhaften Abschluß gebracht.

Oder: Sie erleben frohe Stunden in der Familie.
Herz-Sieben verkehrt: Sprechen Sie mit niemandem über Ihr Geld.
mit Herz-Acht: Ein Ereignis im häuslichen Kreis versetzt Sie in Hochstimmung.
Herz-Acht verkehrt: Sie werden mit einer beruflichen Arbeit Erfolg haben.
mit Herz-Neun: Sollten Sie noch den Partner fürs Leben suchen, so werden Sie bald jemanden finden, der einiges mit in die Ehe bringen wird.
Oder: Sie freuen sich über einen Geldeingang.
Herz-Neun verkehrt: Beim Spiel sind Sie nicht sehr erfolgreich, also lassen Sie die Finger davon.
mit Herz-Zehn: Deutet auf eine Hochzeit hin, bei der es hoch hergehen wird.
Oder: Ein Problem, das Sie lange beschäftigte, wird endlich gelöst.
mit Herz-Bube: Sollten Sie sich bei einem treuen Freund Geld ausgeliehen haben, so sollten Sie sich um die Rückzahlung keinen Kummer machen; wenn Sie es mal nicht so können, wird er Ihnen den Betrag schon stunden.
mit Herz-Dame: Die Dame Ihres Herzens wird ein wenig Geld gewinnen (für Fragesteller); sonst: man wird Ihnen unter die Arme greifen, wenn Sie mal knapp bei Kasse sind.
mit Herz-König: Der Mann Ihres Herzens kommt zu Geld (bei einer Fragestellerin); sonst: Vorteile durch einen reichen Herrn aus Ihrer Umgebung.
mit Herz-As: Für Ihre Familie wird sich Erfreuliches ereignen.
Herz-As verkehrt: Sie brauchen vor einer Veränderung im häuslichen Bereich keine Angst zu haben.
mit Kreuz-Sieben: Sie werden noch etwas auf das große Geld warten und sich mit kleineren Beträgen zufrieden geben müssen.
Kreuz-Sieben verkehrt: Überraschend steht eine Trennung ins Haus, die Sie aber nicht sonderlich aufregt.

mit Kreuz-Acht: Mit dem Urlaub wird es wohl vorerst nichts Rechtes werden.

Liegt Kreuz-Acht verkehrt, müssen Sie mit einem einschneidenden Erlebnis rechnen, das Sie aber nur kurze Zeit nervt.

mit Kreuz-Neun: Ein Geldeingang von einer Behörde wird Sie erfreuen, möglicherweise ist es auch die Rückzahlung von Geld, das Sie vor einiger Zeit verliehen hatten.

Kreuz-Neun verkehrt: Sie decken ein Techtelmechtel des Partners auf und sind zu Recht wütend.

mit Kreuz-Zehn: Sie haben die Chance, durch eigenes Dazutun einen Batzen Geld zu verdienen, was andere ärgert.

Oder: Ein Fremder verhilft Ihnen zu einem guten Geschäft.

mit Kreuz-Bube: Jemand will Ihnen selbstlos mit Geld oder guten Empfehlungen helfen. Sie hängen trüben Gedanken nach und werden plötzlich aufgeheitert.

mit Kreuz-Dame: Finanziell können Sie durch eine selbstlose Dame unterstützt werden. Vielleicht machen Sie auch mit einer Freundin eine Reise, die nicht viel kostet.

mit Kreuz-König: Hier ist es ein Herr, der hilfreich zur Seite stehen will.

Oder bei einer Fragestellerin: Sie stellen zu Ihrer eigenen Überraschung fest, daß Sie einen heimlichen Verehrer haben.

mit Kreuz-As: Sie sollten sich, wenn Kreuz-As verkehrt liegt, in Geldsachen übervorsichtig verhalten, dann werden Sie keine Verluste erleiden.

Liegt das As richtig, können Sie sich auf ein Geschenk freuen, das unerwartet in Ihre Hände gelangt.

mit Pik-Sieben: Sie werden eine hohe Rechnung begleichen müssen (hoffentlich kein Arzthonorar!).

Pik-Sieben verkehrt: Sie haben zur Zeit nicht gerade eine glückliche Hand.

mit Pik-Acht: Auch bei dieser Kombination hat der Fragen-

de nichts zu lachen, denn sie bedeutet, daß man manche müde Mark in den Kamin schreiben kann.
Pik-Acht verkehrt: Was Sie sich erhofft haben, trifft bestimmt nicht ein.
mit Pik-Neun: Sie sind von einigen falschen Menschen umgeben, die Sie nur zu gern um die Früchte Ihrer Arbeit bringen möchten. Halten Sie sich also etwas zurück.
Liegt Pik-Neun verkehrt, sollten Sie jedem Risiko aus dem Wege gehen und lieber kleine Brötchen backen.
mit Pik-Zehn: Sie werden finanziell einiges hinzugewinnen, vielleicht ist auch eine Gehaltsaufbesserung drin.
Oder: Nach einem fröhlichen Abend macht man Ihnen ein überraschendes Geständnis.
mit Pik-Bube: Leihen Sie einem sogenannten guten Bekannten kein Geld; er denkt nicht daran, Ihnen das Geliehene schnell zurückzuzahlen.
Zweite Version: Ein sogenannter guter Freund entpuppt sich als schlechter Verlierer.
mit Pik-Dame: Man beneidet Sie, weil Sie es zu etwas gebracht haben.
Oder: Sie müssen für eine jüngere Verwandte Geld ausgeben, das Sie in den Schornstein schreiben können.
mit Pik-König: Mit jemandem, den man nicht richtig kennt, sollte man keine Geschäfte machen; das könnte nämlich Verluste bringen.
mit Pik-As: Man wird versuchen, Sie um Ihr Geld zu bringen.
Pik-As verkehrt: Hüten Sie sich vor Menschen, die Sie ausnützen wollen.

Karo-Zehn

mit Karo-Bube: Lassen Sie sich nicht mit einem arroganten jungen Mann ein, der mit dem Geld nur so um sich wirft, aber keine guten Absichten hat.

Oder: Sie gewinnen mit Hilfe eines anderen Menschen eine kleinere Geldsumme.

mir Karo-Dame: Sie dürfen auf einen Gewinn hoffen, der Sie aus einem möglichen Engpaß herausführen wird.

Oder: Ihre Freundin setzt sich selbstlos für Sie ein.

mit Karo-König: Ein Verwandter denkt daran, Sie in seinem Testament zu bedenken. Vielleicht gibt ein Nachbar endlich auch die Sachen zurück, die Sie ihm geliehen haben.

mit Karo-As: Ein Schein wird Ihnen Gewinn bringen (vielleicht ein Lottoschein oder ein Los?). Möglicherweise erhalten Sie auch die Mitteilung, daß Sie befördert wurden.

mit Herz-Sieben: Sie können einiges Geld in Ihr Heim stecken, ohne dabei am Hungertuch nagen zu müssen. Auf jeden Fall haben Sie bei dieser Kombination immer gut lachen.

Herz-Sieben verkehrt: Sie kommen zufällig zu Geld.

mit Herz-Acht: Sie werden auf einer größeren Reise die Zuneigung eines reizenden Menschen gewinnen.

Herz-Acht verkehrt: Ein Umzug steht ins Haus, der Ihnen eine Menge Arbeit bringen wird.

mit Herz-Neun: Ihr sprichwörtliches Glück in der Liebe kann auch auf reichen Kindersegen hinweisen, auf jeden Fall aber auf inniges Verständnis in der eigenen Familie.

Herz-Neun verkehrt: Sie sind ein bißchen verunsichert, ob das, was Sie planen, auch glücken wird.

mit Herz-Zehn: Der Wohlstand der Familie scheint gesichert. Also: Warum sollten Sie weiter auf einen Lottogewinn hoffen, der doch nicht eintrifft?

mit Herz-Bube: Man liest Ihnen jeden Wunsch von den Augen ab.

Oder: Sie werden bald mit einem guten Freund verreisen.

mit Herz-Dame: Ihre Freundin scheint begütert und sichtlich bestrebt zu sein, Sie an ihrem Reichtum teilhaben zu lassen. Ist es die Herzensdame des Fragestellers, so wird ihm besonderes Glück in der Liebe versprochen.

mit Herz-König: Auf den Freund trifft das zuletzt Gesagte ebenso zu, jedoch deutet diese Kombination auch auf ein Übermaß an Gefühlen. Der Herzensmann einer Fragestellerin ist durch nichts in seiner Liebe zu erschüttern.
mit Herz-As: Eine Einladung kann finanzielle Vorteile bringen.
Herz-As verkehrt: Es ist durchaus möglich, daß Sie sich in absehbarer Zeit verändern werden, wobei eine andere Stadt im Gespräch ist.
mit Kreuz-Sieben: Gewinnaussichten verzögern sich.
Kreuz-Sieben verkehrt: In eine bisher glückliche Verbindung zieht der Zweifel ein.
mit Kreuz-Acht: Hüten Sie sich vor dem Glücksspiel. In den nächsten Tagen sind Sie möglicherweise vom Pech verfolgt.
Kreuz-Acht verkehrt: In eine bisher glückhafte Verbindung schleicht sich die Eifersucht ein.
mit Kreuz-Neun: Sie sollten nicht zu freïgebig sein; darum legen Sie Ihr Geld besser für schlechtere Tage gut an.
Kreuz-Neun verkehrt: Eine Freundschaft droht in die Brüche zu gehen.
mit Kreuz-Zehn: Freunde geben für Sie einiges Geld aus, damit Sie wieder auf die Beine kommen.
Oder: Sie werden auf einer großen Reise viel erleben und erholt nach Hause zurückkehren.
mit Kreuz-Bube: Sie erhalten die Nachricht, daß Sie längst Versprochenes endlich bekommen werden. Ihre Rechnung geht in jedem Fall auf.
mit Kreuz-Dame: Eine Freundin gibt vor, alles für Sie zu tun, in Wirklichkeit will sie nur etwas von Ihnen haben. Möglicherweise hilft Ihnen aber eine andere Dame aus der Verlegenheit.
mit Kreuz-König: Trauen Sie auch dem reichsten Verwandten nicht und hoffen Sie nicht auf die von ihm versprochene Erbschaft, denn oft schon überlebte der Erblasser den Erben.

Oder: Ein Arzt stellt fest, daß ein vorübergehendes Unwohlsein nichts zu bedeuten hat – Sie sind kerngesund!
mit Kreuz-As: Ein prächtiges Geschenk wartet in naher Zukunft auf Sie.
Kreuz-As verkehrt: Obwohl Sie eine Menge Geld verdienen, werden Sie es schnell wieder ausgeben müssen, um einem anderen aus der Patsche zu helfen.
mit Pik-Sieben: Sie haben Sorgen in der Familie, vielleicht auch Kummer wegen der eigenen Kinder.
Pik-Sieben verkehrt: Sie verlieren im Spiel, weil Sie zur Zeit eine rechte Pechsträhne haben.
mit Pik-Acht: Es riecht nach Streit und Ärger, das braucht nicht unbedingt ums Geld zu sein, es kann auch um eine Freundschaft gehen, die allmählich zerbricht.
Pik-Acht verkehrt: Die Hoffnung aufs große Geld sollten Sie aufgeben und lieber sparsamer sein.
mit Pik-Neun: Sie haben irgendeinen Krankheitskeim in sich stecken und sollten daher einmal zum Arzt gehen; vielleicht verschreibt er Ihnen einen Kuraufenthalt.
Pik-Neun verkehrt: Falsche Freunde versuchen, Sie um Ihr Geld zu bringen.
mit Pik-Zehn: Lassen Sie sich nicht schocken, wenn Sie jetzt Ihr ganzes sauer verdientes Geld ausgeben müssen, um die Existenz Ihrer Familie zu sichern. Die Talfahrt kann schließlich nicht ewig dauern.
mit Pik-Bube: Jemand möchte Sie um Ihre schwer verdienten Groschen bringen. Ein Wohnungswechsel könnte an jemandem scheitern, der Ihnen Steine in den Weg legt.
mit Pik-Dame: Klatsch kann tödlich sein, aber es gelingt auch manchmal, den Klatschbasen das Maul zu stopfen. Geben Sie keine müde Mark für jemanden aus, der nur freundlich tut, hintenherum aber gegen Sie stänkert.
mit Pik-König: Vorsicht, Sie können in einem Prozeß mehr verlieren, als Ihnen lieb ist! Vielleicht hilft Ihnen aber auch ein nahestehender Herr über den Berg.

mit Pik-As: Man möchte Sie auf sehr unschöne Weise vom Ziel abbringen.
Pik-As verkehrt: Hüten Sie sich vor Dieben, die es auf Ihr Vermögen abgesehen haben.

Karo-Bube

mit Karo-Dame: Ein Mensch ist im Spiel, der es darauf anlegt, Sie und Ihren Partner zu ärgern. Vielleicht hilft Ihnen aber auch eine Dame aus der Klemme.
mit Karo-König: Man steht zu Diensten, aber diesem »man« ist nicht unbedingt zu trauen. Manchmal handelt es sich auch um einen Gönner, der Ihnen einen guten Rat gibt, wie Sie sich verbessern können.
mit Karo-As: Geld kommt mit der Post, vielleicht ist es auch ein Scheck über eine größere Summe.
Oder: Sie sind in Gedanken ganz bei dem, den Sie lieben.
mit Herz-Sieben: Sie lernen jemanden kennen, der vorgibt, viel Herz zu haben, in Wirklichkeit aber nur berechnend ist.
Herz-Sieben verkehrt: Sie kommen hinter das Geheimnis eines Menschen und werden mit diesem Wissen nicht recht glücklich.
mit Herz-Acht: Sie werden in den eigenen vier Wänden ein erfreuliches Wiedersehen mit einem alten Bekannten feiern.
Herz-Acht verkehrt: Sie sollten mal zum Arzt gehen, wenn Sie irgendwelche Beschwerden haben.
mit Herz-Neun: Die Liebe ist oft nur ein Spiel: Wenn diese Kombination aufliegt, werden Sie in diesem Spiel auf jeden Fall gewinnen, was freilich nicht ganz so sicher ist, wenn Herz-Neun auf dem Kopf steht.
mit Herz-Zehn: Ein Mensch, den Sie nur flüchtig kennen, liebt Sie heiß und innig. Dem Glück steht also nichts mehr im Wege.

mit Herz-Bube: Treue ist ein leerer Wahn, man verschwendet sie oft an den Falschen.
Oder: Sie sollten sich mit einem Freund zusammentun und ein Spielchen wagen.
mit Herz-Dame: Bei einem Fragesteller: Ein Nebenbuhler versucht, sich einzumischen.
Sonst: Besuch von zwei Menschen in Sicht, die sich für Sie verwenden wollen.
mit Herz-König: Jemand bringt einen Freund mit, der entscheidend Ihren weiteren Lebensweg bestimmen kann.
mit Herz-As: Sie bekommen Besuch im eigenen Heim, der Ihnen eine gute Nachricht überbringt.
Herz-As verkehrt: Ein recht selbstsüchtiger Kerl will Sie übers Ohr hauen.
mit Kreuz-Sieben: Ein unangenehmer Mensch will sich Ihnen um jeden Preis aufdrängen.
Kreuz-Sieben verkehrt: Sie sind rasend eifersüchtig auf jemanden, der sich in ihre Liebesverbindung einmischen möchte.
mit Kreuz-Acht: Über kurz oder lang werden Sie von einem Menschen heimgesucht, der es nicht ganz ehrlich mit Ihnen meint.
Kreuz-Acht verkehrt: Durch einen Menschen, der nur sein eigenes Wohl im Auge hat, verzögert sich eine Angelegenheit, die Ihnen sehr am Herzen liegt.
mit Kreuz-Neun: Hüten Sie sich vor dem Glücksspiel, es wird Ihnen Verluste bringen!
Kreuz-Neun verkehrt: Bei einem Fragesteller kann es ein Mann sein, der der Herzallerliebsten schöntut, sonst ein Mensch, der eine Falle stellt.
mit Kreuz-Zehn: Sie haben Ärger mit einer undurchsichtigen Person. Möglicherweise nimmt ein Prozeß durch die Aussage eines Zeugen einen für Sie nicht unbedingt günstigen Ausgang.
mit Kreuz-Bube: Wenn zwei Glücksboten zusammentreffen, reiben sie sich aneinander. So deutet also diese

Kombination auf Treulosigkeit, aber auch auf wenig Glück hin.

mit Kreuz-Dame: Ein Ehepaar versucht, Sie und Ihre Familie madig zu machen. Sie sollten sich vor einem Pärchen hüten, das vorgibt, Ihnen helfen zu wollen, in Wirklichkeit aber nur darauf aus ist, Ihnen das Geld aus der Tasche zu ziehen.

mit Kreuz-König: Sie werden eine schwierige Prüfung zu bestehen haben, aber Sie beißen sich mit Hilfe eines Gönners durch.

Oder: Zwei Ihrer Konkurrenten versuchen Sie auszuschalten.

mit Kreuz-As: Lassen Sie sich durch eine Nachricht, die Ihnen Ärger bereitet, nicht schrecken.

Kreuz-As verkehrt: Ein Bote bringt Ihnen eine traurige Nachricht.

mit Pik-Sieben: Legen Sie sich nicht mit einem Menschen an, der durch seinen Einfluß Ihnen mehr schaden als nützen kann.

Pik-Sieben verkehrt: Eine bessere Stellung können Sie sich vorerst mal aus dem Kopf schlagen.

mit Pik-Acht: Jemand möchte Sie in Ihrer Arbeit oder in Ihrem weiteren Fortkommen behindern. Lassen Sie in Ihrem Eifer aber nicht nach.

Pik-Acht verkehrt: Die Konkurrenz schläft nicht, geben Sie darum Ihre Hoffnung, mehr zu erreichen, zunächst einmal auf.

mit Pik-Neun: Ein unangenehmer Zeitgenosse will Ihnen einreden, daß Sie kränker sind, als Sie denken.

Pik-Neun verkehrt: Ein falscher Mensch sorgt dafür, daß Sie in ein schiefes Licht gerückt werden.

mit Pik-Zehn: Ihre Existenz, die Sie sich mühsam aufgebaut haben, könnte durch einen Menschen bedroht werden, der bisher immer betont hat, wie sehr er Sie schätzt.

Oder: Sie müssen noch mindestens ein Jahr warten, bis Sie endlich eine Glückschance haben werden.

mit Pik-Bube: Ein nicht ganz aufrichtiger Mensch versucht Ihr Vertrauen zu gewinnen.
Oder: Zwei recht unterschiedliche Charaktere buhlen um Ihre Gunst.
mit Pik-Dame: Ihr Partner heuchelt Treue. Sie sollten ihn prüfen, wie ernst er es in Wirklichkeit meint.
Zweite Version: Eine junge Verwandte oder Bekannte hat ein Verhältnis mit jemandem, den Sie nicht allzu gut leiden können.
mit Pik-König: Ein kluger Freund nimmt für Sie Partei. Möglicherweise verschafft er Ihnen auch eine Anstellung, die Sie von allen Sorgen befreit.
mit Pik-As: Erschrecken Sie nicht, wenn plötzlich ein Bote ins Haus kommt, der Ihnen eine gute Nachricht bringt.
Pik-As verkehrt: Ein Dieb schleicht ums Haus, das Sie besser absichern sollten.

Karo-Dame

mit Karo-König: Ein verliebtes Gespann, das aber leider nicht viel von der Treue hält. Vielleicht will es sich in Ihr Haus drängen, um Sie eifersüchtig zu machen.
mit Karo-As: Auch Liebesbriefe trügen manchmal. Schauen Sie Ihrem Partner lieber einmal ganz tief in die Augen.
Oder: Eine nahe Verwandte schreibt Ihnen, um Ihre Meinung zu hören.
mit Herz-Sieben: In den Herzensangelegenheiten tritt jetzt eine günstige Wendung ein.
Herz-Sieben verkehrt: Eine Fragestellerin kommt einem Verhältnis auf die Spur, das sie erschüttert. Ein Fragesteller ist wohl ein bißchen untreu.
mit Herz-Acht: Die Zuneigung, die Ihnen eine Freundin entgegenbringt, ist echt (bei einem Fragesteller); sonst: Wiedersehen mit einer Verwandten, die man lange nicht sah.

Herz-Acht verkehrt: Eine Krankheit nimmt eine günstige Wendung.

mit Herz-Neun: Für eine unverheiratete Fragestellerin: Wenn Sie sich jetzt binden, könnte das Glück nicht von langer Dauer sein.

Sonst: Geben Sie die Hoffnung nicht auf – Sie werden geliebt.

Herz-Neun verkehrt: Weiblicher Nachwuchs könnte die Familie erweitern.

mit Herz-Zehn: Für eine unverheiratete Fragestellerin: Bald läuten die Hochzeitsglocken.

Sonst: Sie sind ein Glückspilz in der Liebe.

mit Herz-Bube: Sie sollten eine Freundschaft nicht aufgeben.

Oder: Glauben Sie an die unverrückbare Liebe Ihres Partners.

mit Herz-Dame: Eine gute Freundin kann Ihnen ein Herzensverhältnis verderben (bei einer Fragestellerin). Ein Fragesteller steht möglicherweise zwischen zwei Frauen, die manchmal ein Komplott gegen ihn selber schmieden.

mit Herz-König: Für eine unverheiratete Fragestellerin: Sie scheinen nicht recht zu wissen, wen Sie nun eigentlich als Herzallerliebsten haben möchten.

Sonst: Spielen Sie nicht mit der Liebe.

mit Herz-As: Ein Liebesbrief bringt Ihnen Aufklärung über die wahren Gefühle Ihres Partners.

Herz-As verkehrt: Eine junge Dame sorgt für eine Veränderung in der Familie.

mit Kreuz-Sieben: Sie haben Kummer mit einem Mädchen, das sich in Ihr häusliches Glück drängen will.

Kreuz-Sieben verkehrt: Eine Fragestellerin ist rasend eifersüchtig auf eine Frau, die sich mit Ihrem Freund oder Mann gut versteht.

Sonst: Sie werden sich in einer neuen Umgebung wohlfühlen.

mit Kreuz-Acht: Für eine unverheiratete Fragestellerin: Das Liebesglück ist nicht von langer Dauer.
Sonst: Ein unbedeutender Flirt.
Kreuz-Acht verkehrt: Eine unverheiratete Fragestellerin wird sich kaum vor Jahresfrist entscheiden, ob sie einen Heiratsantrag annimmt.
Sonst: Angst um eine Verwandte, die plötzlich krank wurde.
mit Kreuz-Neun: Kleine Geschenke erhalten die Freundschaft. Das gilt vor allem für einen Fragesteller, der viel zu lange von zu Hause weg ist und seine Freundin nur sporadisch sieht.
Kreuz-Neun verkehrt: Anscheinend gibt es Grund zur Eifersucht, bei der eine Frau möglicherweise zum Scheidungsgrund wird.
mit Kreuz-Zehn: Eine Dame wird Ihnen helfen, über ein Ärgernis hinwegzukommen.
Oder: Ein Fremder mischt sich in eine intime Beziehung ein.
mit Kreuz-Bube: Für eine Fragestellerin: Ein junger Mann will sich selbstlos um Sie kümmern.
Sonst: Man sollte harmlose Freundschaften nicht ernster nehmen, als sie sind.
Kreuz-Dame: Man klatscht über Sie.
Zweite Version: Eine dunkelhaarige Frau will Schicksal spielen und Sie verkuppeln.
mit Kreuz-König: Für eine Fragestellerin: Vorsicht, daß Sie sich nicht in einen verheirateten Mann verlieben!
Sonst: Sie können hoffen, daß sich jemand, der es gut mit Ihnen meint, um Sie bemüht; das kann auch der Arzt sein, der zum Hausbesuch kommt, und Hoffnung auf baldige Änderung Ihres Gesundheitszustandes zum Besseren verspricht.
mit Kreuz-As: Ein Brief oder eine Nachricht kann eine günstige Wendung herbeiführen.
Kreuz-As verkehrt: Sie kehren einer Freundin den Rücken, die es eigentlich immer gut mit Ihnen meinte.

mit Pik-Sieben: Streit in der Liebe reinigt manchmal die Luft und läßt eine zärtliche Versöhnung folgen.
Pik-Sieben verkehrt: Für den unverheirateten Fragesteller steht eine endgültige Trennung bevor.
Sonst: Auch wenn es noch so schlimm kommt, sollte man die Hoffnung nicht aufgeben.
mit Pik-Acht: Eine Freundin hat Sorgen, weil Sie ihr in letzter Zeit, was die Gesundheit angeht, gar nicht gefallen.
Pik-Acht verkehrt: Man verpaßt einen günstigen Augenblick im Beruf oder auch in der Liebe.
mit Pik-Neun: Sie haben Unannehmlichkeiten mit einer Ihnen nahestehenden Dame.
Pik-Neun verkehrt: Sie müssen schon einiges wagen, um sich durchzusetzen.
mit Pik-Zehn: Die Hoffnung, daß Sie in nächster Zukunft Ihre Position bessern könnten, ist mehr als trügerisch. Aber Sie sind klug genug, abzuwarten, bis Ihre Zeit gekommen ist.
mit Pik-Bube: Bei einer Fragestellerin: Lassen Sie die Finger von einem sogenannten schmutzigen Verhältnis.
Sonst: Ihr Schicksal geht einen krummen Weg. Sie sollten sich vor einem unaufrichtigen Menschen hüten und lieber auf den Rat einer guten Freundin hören.
mit Pik-Dame: Gefährlicher Klatsch könnte Ihren guten Ruf gefährden. Möglicherweise legt sich auch Ihre Schwiegermutter quer.
mit Pik-König: Eine Verwandte (es könnte auch die Tochter Ihres Chefs sein) greift zu Ihren Gunsten ein.
Oder: Ein Nebenbuhler macht sich unangenehm bemerkbar.
mit Pik-As: Sie haben ein Erlebnis, das alles andere als berauschend ist und eine Hoffnung zunichte macht, daß sich alles zum Guten wenden wird.
Pik-As verkehrt: In der Liebe werden Sie nicht so recht zum Zuge kommen.

Karo-König

mit Karo-As: Der Besuch eines Freundes wird angesagt. Oder: Sie werden bei einer geschäftlichen Angelegenheit hervorragend unterstützt.

mit Herz-Sieben: Bei einem Streit in der Liebe bietet jemand seine Vermittlungsdienste an.

Herz-Sieben verkehrt: Ein Freund vertraut Ihnen ein Geheimnis an.

mit Herz-Acht: Ein erfreuliches Ereignis wird Ihnen den Lebensmut zurückgeben.

Herz-Acht verkehrt: Ein unverheirateter Mann drängt sich in Ihr Leben und sorgt für einige Unruhe im Familienleben.

mit Herz-Neun: Für eine Fragestellerin: Ein Liebhaber möchte Sie von seinen Vorzügen überzeugen.

Sonst: Nebenbuhler meldet sich.

Herz-Neun verkehrt: Ein Nachbar verspricht Ihnen wohl zuviel, um Ihre Gutmütigkeit ausnützen zu können.

mit Herz-Zehn: Entweder ein stürmischer Liebhaber oder ein ebenso stürmischer Nebenbuhler will sich in Ihr Leben drängen. Vielleicht versucht auch nur ein guter Bekannter Ihnen bei der Lösung eines Problems zu helfen.

mit Herz-Bube: Ihre geheimsten Wünsche werden erfüllt. In Gedanken malen Sie sich aus, wie Sie dem Schicksal einen Streich spielen können.

mit Herz-Dame: Ein Ehepaar aus der Nachbarschaft möchte Sie als Freund gewinnen.

Oder: Hilfe kommt von einer nahestehenden Person, die sich Ihrer annehmen wird.

mit Herz-König: Ihr Freund möchte mal so richtig mit Ihnen in den Tag hineinleben.

Bei einer Fragestellerin: Vorsicht, ein Herr aus der Nachbarschaft könnte Ihnen gefährlich werden.

mit Herz-As: Sie lernen jemanden kennen, der sich für Sie einsetzen wird.

Herz-As verkehrt: Ein Freund zieht weit weg, und Sie sind sicher, daß Sie ihn nicht mehr wiedersehen werden.

mit Kreuz-Sieben: Ein arroganter Herr versucht, Sie auszutricksen.

Kreuz-Sieben verkehrt: Ein naher Verwandter ist unglücklich verliebt und vertraut sich Ihnen an.

mit Kreuz-Acht: Abenteuer auf einer Party.

Kreuz-Acht verkehrt: Eifersuchtsszene wegen eines jungen Mädchens, das handfest flirten kann.

mit Kreuz-Neun: Eine Amtsstelle wird auf Sie aufmerksam (ob im positiven oder negativen Sinne ergeben weitere Nachbarkarten).

Kreuz-Neun verkehrt: Ein falscher Freund will Sie aufs Glatteis locken.

mit Kreuz-Zehn: Durch Vermittlung kommen Sie in eine bessere Stellung (oder zu Geld).

Bei einer Fragestellerin: Ein Fremder will Sie mit einem Freund bekannt machen, der Ihnen gegenüber recht forsch auftritt.

mit Kreuz-Bube: Sie haben bei Verhandlungen Glück.

Zweite Version: Ihre Gedanken drehen sich um einen nahestehenden Herrn, der eine Dummheit machen will.

mit Kreuz-Dame: Eine ältere Dame wird sich Ihrer annehmen. Möglicherweise ist das für einen Fragesteller dann nicht allzu gut, weil sie sich gleichzeitig in Dinge mischen will, die sie nichts angehen.

mit Kreuz-König: Sie erleben, was gute Freunde alles vermögen. Auf jeden Fall werden Sie gefördert oder erhalten einen Rat, der Ihnen einiges einbringen wird.

mit Kreuz-As: Ihr Chef eröffnet Ihnen etwas Erfreuliches.

Kreuz-As verkehrt: Ein naher Verwandter ist in Not.

mit Pik-Sieben: Ein Gönner ist plötzlich für Sie nicht mehr zu sprechen.

Pik-Sieben verkehrt: Sie erhalten Besuch von einem Herrn, der Ihnen eine traurige Geschichte erzählt.

mit Pik-Acht: Mit einem Freund werden Sie verreisen.
Pik-Acht verkehrt: Ein Geschäftspartner, dem Sie vertrauten, entpuppt sich als recht egoistisch.
mit Pik-Neun: Ein geliebter Mensch will sich von Ihnen trennen.
Pik-Neun verkehrt: Wenn Sie im Beruf jetzt ein Risiko eingehen, wird man Ihnen nicht unbedingt helfen wollen.
mit Pik-Zehn: Sie sollten klug verhandeln, um keine Verluste zu erleiden. Ein kluger Herr hat etwas gegen ein nächtliches Rendezvous einzuwenden.
mit Pik-Bube: Vorsicht, wenn Ihnen ein undurchsichtiger Herr seine Dienste anbietet.
Oder: Sie sind von »Freunden« umgeben, die es nicht unbedingt gut mit Ihnen meinen.
mit Pik-Dame: Eine Dame möchte Sie übers Ohr hauen. Das erfahren Sie von einem Nachbarn oder guten Bekannten, der sie schon länger kennt.
mit Pik-König: Man spricht über Sie im guten Sinne. Bei einem Fragesteller kann es sich auch um den Nebenbuhler handeln, dem er eine Falle stellt.
mit Pik-As: Was Sie für Unheil hielten, stellt sich nachträglich als harmlos heraus.
Pik-As verkehrt: Ein unverheirateter Mann bringt Sie um einiges Geld.

Karo-As

mit Herz-Sieben: Sie warten ungeduldig auf einen Brief, der für Ihr weiteres Leben entscheidend sein könnte.
Herz-Sieben verkehrt: Sie erhalten die Nachricht, daß Sie etwas zahlen müssen, was Sie längst hätten erledigen sollen.
mit Herz-Acht: Sie haben nichts zu befürchten.
Herz-Acht verkehrt: In der Liebe klappt's zur Zeit nicht allzu gut.

mit Herz-Neun: Ob in der Liebe oder im Beruf – Sie haben Glück!
Herz-Neun verkehrt: Es meldet sich, möglicherweise sogar bei Ihnen selbst, Nachwuchs in der Familie an.
mit Herz-Zehn: Sie kommen bald unter die Haube.
Sonst: Kein Wölkchen trübt den Ehehimmel.
mit Herz-Bube: Ein heimlicher Wunsch geht in Erfüllung.
Oder: Ein Brief löst alle bisherigen Probleme.
mit Herz-Dame: Eine Dame überbringt Ihnen eine erfreuliche Nachricht. Ist es die Herzensdame eines Fragestellers, kann er sich auf viele frohe Stunden in zärtlicher Zweisamkeit freuen.
mit Herz-König: Wenn Sie noch nicht verheiratet sind, macht man Ihnen einen Heiratsantrag.
Sonst: Ein Freund lädt Sie ein und macht Ihnen eine erfreuliche Mitteilung.
mit Herz-As: Freudiges Ereignis in der Familie.
Herz-As verkehrt: Durch einen Brief erfahren Sie, daß sich in Ihrer Familie bald etwas ändern wird.
mit Kreuz-Sieben: Vorsicht vor einem Antrag, der zwar ernst gemeint ist, dessen Folgen Sie aber noch nicht übersehen können.
Kreuz-Sieben verkehrt: Ein vermeintlicher Liebesbrief entpuppt sich als das Gegenteil.
mit Kreuz-Acht: Es geht alles vorüber – auch noch so große Sorgen.
Kreuz-Acht verkehrt: Sie sollten vorsichtig sein und nicht zu offenherzig über Ihre privaten Verhältnisse schreiben.
mit Kreuz-Neun: Kleinere Veränderungen in Ihrer Umgebung machen Sie etwas traurig.
Kreuz-Neun verkehrt: Nur mit einer kämpferischen Einstellung kommen Sie weiter.
mit Kreuz-Zehn: Sie haben Glück im Geschäftsleben.
Oder: Ein Fremder gibt Ihnen einen guten Tip.
mit Kreuz-Bube: Sie stehen in Briefwechsel mit jemandem, der gern, aber auch recht Nichtssagendes schreibt.

Zweite Version: Ein junger Mann will sich in Ihr Leben eindrängen und ist dabei recht unverschämt.

mit Kreuz-Dame: Eine Dame wird Ihnen aus der Patsche helfen.

Oder: Eine Verwandte meldet sich bei Ihnen, die Sie lange nicht mehr gesehen haben.

mit Kreuz-König: Für eine unverheiratete Fragestellerin: Ein Heiratsantrag von einem nicht ganz armen Herrn.

Sonst: Hilfe durch einen älteren Herrn, bei der wahrscheinlich ein Empfehlungsbrief die Hauptrolle spielt.

mit Kreuz-As: Eine Nachricht geht ein, über die Sie sich ärgern werden.

Kreuz-As verkehrt: Mit einem Brief werden Sie ganz schön zur Kasse gebeten.

mit Pik-Sieben: Was Sie jetzt auch anfassen, es wird nichts Rechtes daraus.

Pik-Sieben verkehrt: Sie sollten lieber auf Nummer Sicher gehen und Ihr Geld nicht sinnlos vergeuden.

mit Pik-Acht: Ärger in der Abendstunde durch eine überraschende Nachricht.

Pik-Acht verkehrt: Hoffen Sie nicht darauf, daß sich in einem bestimmten Verhältnis noch etwas kitten läßt.

mit Pik-Neun: Sie erfahren, daß eine Ihnen nahestehende Person krank ist.

Pik-Neun verkehrt: Ein Brief mit einer traurigen Nachricht erschüttert Sie.

mit Pik-Zehn: Man macht Ihnen einen Vorschlag, den Sie ruhig annehmen sollten, da er Ihnen Gewinn bringen wird.

mit Pik-Bube: Ein Ekel vermiest Ihnen den Alltag.

Oder: Ein Brief enthüllt, was Sie schon befürchtet hatten.

mit Pik-Dame: Eine Dame will sich zwischen Sie und Ihren Partner drängen.

Zweite Version: Der Brief einer älteren Person sät Mißtrauen.

mit Pik-König: Ein kluger Mann wirbt um Sie.
Oder: Der Brief eines Anwalts schafft endlich Klarheit in einer verfahrenen Situation.
mit Pik-As: Schlimme Nachricht, die sich später als falsch herausstellt.
Pik-As verkehrt: Sie erhalten die Nachricht, daß Sie sich ein wenig einschränken müssen, da Sie einen Verlust erlitten haben, der nur durch Sparsamkeit wieder wettgemacht werden kann.

Herz-Sieben

mit Herz-Acht: Im häuslichen Bereich ist alles in Ordnung, die Liebe lacht.
Wenn beide Karten verkehrt liegen: Sie erfahren von einer Treulosigkeit und ziehen die Konsequenzen.
mit Herz-Neun: Ein Wunschkind ist in Sicht, auf jeden Fall etwas Erfreuliches.
Beide Karten verkehrt: So ganz glücklich sind Sie nicht darüber, daß Sie Ihrem Partner auf die Schliche kamen.
mit Herz-Zehn: Wiedersehen mit einem geliebten Menschen.
Herz-Sieben verkehrt: Ganz heimlich löst sich ein Problem von selbst.
mit Herz-Bube: Man hält Ihnen die Treue – auch in der Ferne.
Herz-Sieben verkehrt: Sie kommen hinter das Geheimnis eines Sorgenkindes und können ihm heimlich helfen.
mit Herz-Dame: Auf eine gute Freundin können Sie sich verlassen.
Herz-Sieben verkehrt: Die Herzensdame eines Fragestellers befindet sich auf Abwegen.
Sonst: Eine nette Nachbarin vertraut Ihnen etwas Wichtiges an.

mit Herz-König: Wiedersehen mit einem guten Freund.
Herz-Sieben verkehrt: Der Herzensmann einer Fragestellerin ist ein bißchen untreu.
Sonst: Sie treffen mit einem nahen Verwandten im geheimen eine Absprache, die sich als hilfreich erweist.
mit Herz-As: Vorteile durch jemanden, den man nach langer Zeit zum erstenmal wiedersieht.
Beide Karten verkehrt: Sie treffen heimlich Vorkehrungen, Ihr Leben auf eine andere Basis zu stellen.
mit Kreuz-Sieben: Kummer im eigenen Heim.
Beide Karten verkehrt: Sie zeigen es zwar keinem, aber Sie sind unglücklich verliebt.
mit Kreuz-Acht: Jemand, der sich plötzlich in Ihren Kreis einschlich, wird ebenso plötzlich wieder verschwinden.
Beide Karten verkehrt: Ein Ihnen Nahestehender läßt Sie allein mit Ihren Problemen zurück.
mit Kreuz-Neun: Ein Zufall beschert Ihnen Gutes im Beruf, möglicherweise auch in der Liebe.
Beide Karten verkehrt: Ihre Eifersucht ist leider begründet.
mit Kreuz-Zehn: Ärger in der Familie verfliegt sehr schnell.
Herz-Sieben verkehrt: Auf einer Reise lernen Sie jemanden kennen, der Ihrem Partner Kummer macht.
mit Kreuz-Bube: Ein Freund ist bereit, Ihnen in jeder Weise zu helfen.
Herz-Sieben verkehrt: Verscheuchen Sie Ihre trüben Gedanken, wenn der Partner mal allein ausgeht.
mit Kreuz-Dame: Lassen Sie keine Klatschbase über die Schwelle Ihres Hauses treten.
Herz-Sieben verkehrt: Man vertraut Ihnen etwas an, das Sie sichtlich entsetzt zur Kenntnis nehmen.
mit Kreuz-König: Hoher Besuch erwartet Sie.
Herz-Sieben verkehrt: Eine Amtsstelle kommt hinter ein sorgsam gehütetes Geheimnis.
mit Kreuz-As: Sie erfahren Erfreuliches über Ihren Partner.
Beide Karten verkehrt: Wenn Sie den Geheimniskrämer spielen, werden Sie nichts erreichen.

mit Pik-Sieben: Sie könnten das häusliche Glück verspielen.
Beide Karten verkehrt: In der Familie steht's zur Zeit nicht zum besten.
mit Pik-Acht: Ärger im Haus, auch: Ehekrach.
Beide Karten verkehrt: Sie sind traurig, weil der Partner eigene Wege zu gehen scheint.
mit Pik-Neun: Sie haben zur Zeit nichts zu lachen, auch wenn die Familie zu Ihnen hält.
Beide Karten verkehrt: Heimlichkeiten werden zum Risikofaktor.
mit Pik-Zehn: Sie werden auch über schlechte Zeiten sehr schnell hinwegkommen.
Herz-Sieben verkehrt: Über Nacht löst sich eine geheime Angst in nichts auf.
mit Pik-Bube: Jemand versucht, Ihren häuslichen Frieden zu stören.
Herz-Sieben verkehrt: Sie haben doch nicht etwa ein sogenanntes schmutziges Verhältnis?
mit Pik-Dame: Hören Sie nicht auf Einflüsterungen, die von außen an Sie herangetragen werden.
Herz-Sieben verkehrt: Das Geheimnis, das Sie einer Klatschbase anvertrauen, wird nicht lange geheim bleiben.
mit Pik-König: Sie liegen mit einem Herrn aus der Nachbarschaft in Fehde, aber die Versöhnung ist schon vorprogrammiert.
Herz-Sieben verkehrt: Eine heimliche Verabredung gibt Ihrem Partner Rätsel auf.
mit Pik-As: Der Gerichtsvollzieher könnte Ihr häusliches Glück stören.
Beide Karten verkehrt: Jemand stiehlt sich heimlich in Ihr Herz ein, aber Sie wollen das noch nicht wahrhaben.

Herz-Acht

mit Herz-Neun: Das Glück in der Liebe ist auf das eigene Heim beschränkt.
Beide Karten verkehrt: Sie erfahren auf Umwegen, daß Ihr Partner nicht glücklich ist.
mit Herz-Zehn: Hochzeit, wenn nicht Ihre eigene, dann aber im engeren Familienkreis.
Herz-Acht verkehrt: Sie treffen sich heimlich mit jemandem, den Sie sehr mögen.
mit Herz-Bube: Sie denken an einen treuen Freund.
Herz-Acht verkehrt: Ihre Liebe wird arg strapaziert durch unverständliche Handlungen Ihres Partners.
mit Herz-Dame: Für Fragesteller: Sie werden heiß geliebt. Sonst: Sie haben ein weites Herz.
Herz-Acht verkehrt: Sie entdecken an einer Nachbarin einen Zug, der Sie bestimmt, sich von ihr zurückzuziehen.
mit Herz-König: Man denkt liebevoll von Ihnen.
Herz-Acht verkehrt: Ein Ihnen sehr Nahestehender wird wohl krank werden.
mit Herz-As: Besser als in Ihrer Familie kann man sich gar nicht verstehen.
Beide Karten verkehrt: Sie müssen sich von etwas trennen, das Ihnen sehr lieb geworden war.
mit Kreuz-Sieben: Kummer oder auch eine Krankheit werden schnell vorübergehen.
Beide Karten verkehrt: Ein Fehlschlag kann nur mit Mühe wiedergutgemacht werden.
mit Kreuz-Acht: Ein junges Mädchen gewinnt Ihre Zuneigung.
Beide Karten verkehrt: Sie müssen mehr auf Ihre Gesundheit achten und sollten besser mal zum Arzt gehen.
mit Kreuz-Neun: Eine kleine Reise bringt Abwechslung in den (Ehe-)Alltag.
Beide Karten verkehrt: Falsche Freunde treiben einen Keil in Ihre Partnerbeziehung.

mit Kreuz-Zehn: Ein Fremder klopft an die Tür und bringt Ihnen etwas Schönes mit.
Herz-Acht verkehrt: Sie kommen zur Zeit aus dem Ärger nicht heraus.
mit Kreuz-Bube: Eine gute Nachricht erreicht Sie.
Herz-Acht verkehrt: Sie hängen zu sehr trüben Gedanken nach und machen sich das Leben unnötig schwer.
mit Kreuz-Dame: Für Unverheiratete: Man will Sie verkuppeln.
Sonst: Hilfe von nebenan.
Herz-Acht verkehrt: Man will Ihnen etwas beibringen, das Ihnen absolut nicht paßt.
mit Kreuz-König: Sie erwerben die Zuneigung eines Menschen, der Ihnen helfen kann.
Herz-Acht verkehrt: Vergessen Sie nicht, eine amtliche Angelegenheit schleunigst zu klären.
mit Kreuz-As: Sie erhalten eine Nachricht, die Sie in Hochstimmung versetzt.
Beide Karten verkehrt: Wenn Sie Ihre Gesundheit weiter strapazieren, liegen Sie schneller, als Sie denken, auf der Nase.
mit Pik-Sieben: Streit im Haus, der bald vorübergeht.
Beide Karten verkehrt: Eine schmerzliche Trennung wird Sie erschüttern.
mit Pik-Acht: Eifersucht kann den Frieden stören.
Beide Karten verkehrt: Hoffen Sie nicht auf Versöhnung, wenn Sie sich selbst falsch verhielten.
mit Pik-Neun: Nachricht aus dem Krankenhaus, daß es einem Patienten wieder besser geht.
Beide Karten verkehrt: Ein Schicksalsschlag könnte über Ihre Kraft gehen.
mit Pik-Zehn: Sie müssen Ihr trautes Heim für einige Zeit verlassen, werden aber erholt zurückkehren.
Herz-Acht verkehrt: Eine Reise steht an, von der Sie gestreßt zurückkehren.

mit Pik-Bube: Jemand erzählt Lügen über Sie und Ihre Familie; machen Sie sich nichts draus!
Herz-Acht verkehrt: Ein Fall wird gerichtsnotorisch.
mit Pik-Dame: Sagen Sie den Besuch einer zweifelhaften Dame rechtzeitig ab, damit Sie ungestört Ihr Glück im Familienkreis genießen können.
Herz-Acht verkehrt: Sie sollten nicht über eine Verwandte (die Schwiegermutter?) schimpfen, die es eigentlich gut mit Ihnen meint.
mit Pik-König: Wehren Sie sich standhaft gegen einen Herrn, der Unruhe in Ihr Haus bringen möchte.
Herz-Acht verkehrt: Ein Anwalt macht Ihnen bald das Leben schwer, wenn Sie sich nicht aussöhnen.
mit Pik-As: Auch ein freudiges Ereignis kann schrecken, aber das ist schnell vergessen.
Beide Karten verkehrt: Der Verlust einer liebgewordenen Sache ist angezeigt.

Herz-Neun

mit Herz-Zehn: Baldige Hochzeit im engeren Familienkreis oder der Beweis, daß man in der Ehe glücklich ist.
Herz-Neun verkehrt: Sie sind sich nicht ganz sicher, ob Sie geliebt werden.
mit Herz-Bube: Ein treuer Freund meldet seinen Besuch an.
Herz-Neun verkehrt: Ein heißer Wunsch wird wohl nicht in Erfüllung gehen.
mit Herz-Dame: Für Eheleute: heiße Liebe.
Sonst: Eine gute Freundin hilft Ihnen weiter.
Herz-Neun verkehrt: Sie enttäuschen eine Dame, die es gut mit Ihnen meint.
mit Herz-König: Für eine Fragestellerin: Ihr Freund oder Ehemann liebt Sie und bleibt Ihnen treu.
Sonst: Ein sympathischer Mann wirbt um Sie.

Herz-Neun verkehrt: Es ist nicht sicher, ob sich ein Freund für Sie einsetzt.

mit Herz-As: Viel Liebe im eigenen Heim.

Beide Karten verkehrt: Bei einem möglichen Umzug kommen Sie vom Regen in die Traufe.

mit Kreuz-Sieben: Die Liebe bringt manchmal Kummer, aber das wird sich wieder einrenken.

Beide Karten verkehrt: Was Sie anstreben, geht schief.

mit Kreuz-Acht: Vorübergehende Sorgen in der Familie lassen nur noch enger zusammenstehen.

Beide Karten verkehrt: Ein einschneidendes Ereignis verunsichert Sie total.

mit Kreuz-Neun: Eine Amtshandlung deutet auf Geld, möglicherweise auf eine Erbschaft hin.

Beide Karten verkehrt: Fühlen Sie sich nicht zu sicher, sondern sorgen Sie lieber für später vor.

mit Kreuz-Zehn: Diese Kombination läßt den Schluß zu, daß man reich wird, wenn man es nicht schon ist.

Herz-Neun verkehrt: Es ist fast nicht möglich, daß Sie ans große Geld kommen.

mit Kreuz-Bube: Wunscherfüllung auf der ganzen Linie.

Herz-Neun verkehrt: Man kann sich auf niemanden verlassen, selbst nicht auf den, den man liebt.

mit Kreuz-Dame: Man denkt an Sie und Ihre erfolgreiche Zukunft.

Herz-Neun verkehrt: Nehmen Sie sich vor jemanden in acht, der Ihnen einen Streich spielen will.

mit Kreuz-König: Eine hochgestellte Persönlichkeit wird sich für Sie verwenden.

Herz-Neun verkehrt: Gehen Sie lieber mal zum Arzt, wenn Sie sich nicht wohlfühlen.

mit Kreuz-As: Eine offizielle Nachricht geht ein, die Ihnen Freude bereiten wird.

Beide Karten verkehrt: Sie haben es in der Hand, alles zum Guten zu wenden.

mit Pik-Sieben: Nach einem Fehlschlag holen Sie schnell wieder auf.
Beide Karten verkehrt: Das Glück in der Liebe kann schnell vergehen, wenn man sich nichts mehr zu sagen hat.
mit Pik-Acht: Sie müssen schwer arbeiten, um das Erfolgsziel zu erreichen.
Beide Karten verkehrt: Streben Sie nicht in die Ferne, das Heimweh würde Sie umbringen.
mit Pik-Neun: Wer Ihnen Unannehmlichkeiten macht, wird sich am Ende selber schaden.
Beide Karten verkehrt: Allzu große Risikobereitschaft wird sich nicht auszahlen.
mit Pik-Zehn: Alles geht nach Wunsch, auch wenn einige Hindernisse aufgebaut sind.
Herz-Neun verkehrt: Ihr Aufstieg im Beruf ist noch gar nicht so sicher.
mit Pik-Bube: Auch wenn Sie glauben, daß in jedem Menschen ein guter Kern steckt, sollten Sie doch nicht jedem x-beliebigen vertrauen.
Herz-Neun verkehrt: Jemand bringt Sie mit seiner Unaufrichtigkeit in eine schlechte Lage.
mit Pik-Dame: Klatsch kann Ihnen nichts anhaben.
Liegt Herz-Neun verkehrt, ist das gar nicht so sicher.
mit Pik-König: Weil Sie ein sonniger Menschentyp sind, haben Sie einen oder auch ein paar Neider.
Herz-Neun verkehrt: Ein naher Verwandter läßt sie im unklaren über seine Ziele.
mit Pik-As: Lassen Sie ruhig andere sich ärgern.
Beide Karten verkehrt: Ein Verlust ist kaum mehr wiedergutzumachen.

Herz-Zehn

mit Herz-Bube: Der Mensch, den Sie lieben, ist bedingungslos treu. Probleme gibt es für Sie einfach nicht.

mit Herz-Dame: Bei Fragestellern: Mit Ihrer Frau (oder Freundin) haben Sie das große Los gezogen.

Sonst: Glück in der Ehe, aber auch das gute Verhältnis zu den Nachbarn.

mit Herz-König: Bei einer Fragestellerin: Ein Mann verehrt Sie sehr und möchte Ihnen einen Antrag machen.

Sonst: Ein guter Bekannter setzt sich für Sie ein.

mit Herz-As: Großes Glück in der Familie.

Herz-As verkehrt: Ein Problem tut sich auf, das mit dem Wunsch nach baldiger Veränderung bestehender Verhältnisse zusammenhängt.

mit Kreuz-Sieben: Sie machen sich Illusionen, die aber wider Erwarten (reiche Heirat?) Wirklichkeit werden können.

Kreuz-Sieben verkehrt: Rasende Eifersucht könnte einen Eheplan zerschlagen.

mit Kreuz-Acht: Man verwöhnt Sie für kurze Zeit.

Kreuz-Acht verkehrt: Der Plan, zusammenzuziehen, verzögert sich mehr und mehr.

mit Kreuz-Neun: Durch einen Zufall wendet sich das Glück im Beruf zu Ihren Gunsten.

Kreuz-Neun verkehrt: Ein Problem kann in nächster Zeit nicht gelöst werden; aber nicht verzagen!

mit Kreuz-Zehn: Ärger kehrt sich in Freude. Leute, die Sie zunächst gar nicht mochten, sind Ihnen plötzlich zugetan. Für Jungverliebte winkt die Hochzeitsreise.

mit Kreuz-Bube: Ein Freund sorgt dafür, daß Sie sich keine Sorgen zu machen brauchen.

Oder: Jemand, den Sie gern mögen, bringt Unruhe ins Haus.

mit Kreuz-Dame: Eine Freundin verheiratet sich oder wird in einen anderen Ort ziehen.

Zweite Version: Das Glück in der Ehe kann durch eine ältere, sehr resolute Dame nicht gestört werden.

mit Kreuz-König: Ihr Chef fördert Sie.

Oder: Sie sollten mal bei einem Fachmann in einer ganz persönlichen Angelegenheit Rat suchen.
mit Kreuz-As: Sie gewinnen Einfluß im Leben.
Kreuz-As verkehrt: In eine glückliche Verbindung zieht plötzlich das Mißtrauen ein.
mit Pik-Sieben: Sie sind über jeden Verdacht erhaben und werden sich durchsetzen.
Pik-Sieben verkehrt: Jemand, den Sie gern mögen, wendet sich von Ihnen ab.
mit Pik-Acht: Als Optimist kann Ihnen alltäglicher Ärger oder Streit wenig anhaben.
Pik-Acht verkehrt: Sie brauchen nicht traurig zu sein, wenn's in der Ehe mal kracht – die Versöhnung wird Sie für alles entschädigen.
mit Pik-Neun: Lassen Sie sich nicht entmutigen, wenn es mit Ihrer Gesundheit zur Zeit nicht allzu gut steht.
Pik-Neun verkehrt: Sie sollten mit vollem Risiko die Lösung eines Problems ansteuern.
mit Pik-Zehn: Sie machen die Nacht zum Tage, sollten aber auch ein klein wenig auf Ihre Familie Rücksicht nehmen.
Oder: Aus einer engen Verbindung wird wohl nichts werden.
mit Pik-Bube: Sie gehen unbeirrt Ihren Weg, auch wenn es dem »lieben« Nachbarn nicht ganz paßt.
Zweite Version bei entsprechenden weiteren Nebenkarten: Ein Herr greift ein, um Ihre Verbindung zu kitten.
mit Pik-Dame: Sie haben viele Neider, die Ihnen Ihr Glück nicht gönnen.
Bei Fragestellern: Sie haben ein Auge auf ein junges Mädchen geworfen, das Ihnen zu Ihrem Glück gerade noch gefehlt hat.
mit Pik-König: Sie setzen sich auch gegen hartnäckige Gegner erfolgreich durch.
Oder: Ein Nebenbuhler kann im entscheidenden Moment aus dem Wege geräumt werden.

mit Pik-As: Ende einer Ehe oder Freundschaft.
Wenn Pik-As verkehrt liegt, strebt man wohl in beiderseitigem Einverständnis auseinander.

Herz-Bube

mit Herz-Dame: Diese Kombination deutet auf ein Liebesverhältnis hin, auf jeden Fall ist da ein treuer Bursche sehr um die Herzensdame bemüht.
mit Herz-König: Ein treuer Freund, der zwar einige Fehler hat, aber recht verliebt ist. Vielleicht macht man auch die Bekanntschaft eines Herrn, mit dem man gleich ein Herz und eine Seele ist.
mit Herz-As: Gute Nachricht kommt ins Haus.
Herz-As verkehrt: Ein Mann, der es treu und ehrlich meint, bringt einigen Wirbel ins Haus.
mit Kreuz-Sieben: Sie wollen sich in ein Verhältnis (möglicherweise eine Ehe) stürzen, das viele Bewährungsproben bestehen muß.
Kreuz-Sieben verkehrt: Gegen einen Gegner, der mit allen Tricks arbeitet, steht Ihnen ein guter Freund erfolgreich zur Seite.
mit Kreuz-Acht: Ein guter Freund hilft Ihnen, die Sorgen zu überwinden.
Kreuz-Acht verkehrt: Sie haben gar keinen Grund, eifersüchtig zu sein.
mit Kreuz-Neun: Sie lernen auf einer kurzen Reise einen netten Menschen kennen.
Kreuz-Neun verkehrt: Ein persönlicher Wunsch stößt plötzlich auf Widerstand.
mit Kreuz-Zehn: Sie können sich bald manches kaufen, das Sie sich schon lange gewünscht haben.
Oder: Ein Fremder entpuppt sich als treuer Bursche, der jederzeit zu helfen bereit ist.

mit Kreuz-Bube: Ein reizender Mann macht Ihnen seine Aufwartung.
Oder: Sie setzen sich zwischen zwei Stühle.
mit Kreuz-Dame: Ein treuer Freund (Freundin) wird sich um Sie kümmern.
Oder: Bei einem befreundeten Ehepaar finden Sie den Rückhalt, den Sie in nächster Zeit brauchen werden.
mit Kreuz-König: Auf jeden Fall wird Ihnen geholfen, schließlich haben Sie Gönner, die Ihnen auch zur Seite stehen, wenn Sie in ein schiefes Licht geraten.
mit Kreuz-As: Sie erhalten Nachricht von einem Menschen, der Sie sehr verehrt.
Kreuz-As verkehrt: Und wenn noch so viel auf Sie einstürmt, werden Sie sich auf Ihren besten Freund verlassen können.
mit Pik-Sieben: Sie haben zur Zeit nicht den Mut, sich durchzubeißen.
Pik-Sieben verkehrt: Ihre heißen Wünsche werden in nächster Zeit kaum erfüllt.
mit Pik-Acht: Mißgunst kann ein Hilfeangebot gefährden.
Pik-Acht verkehrt: Sie sind um eine Hoffnung ärmer, weil sich selbst ein guter Freund gegen Sie entscheidet.
mit Pik-Neun: Wahrscheinlich werden Sie einen treuen Freund verlieren.
Pik-Neun verkehrt: Man versucht, Ihnen einen Menschen abspenstig zu machen, der es absolut ehrlich meint.
mit Pik-Zehn: Ein Freund, der in Not geriet, braucht Ihre Hilfe.
Oder: Auf einer Reise lernen Sie jemanden kennen, der Ihre Gefühle erwidert.
mit Pik-Bube: Ein treuloser Freund.
Oder: Vor Gericht wird jemand zu Ihren Gunsten aussagen.
mit Pik-Dame: Man hetzt gegen Sie und Ihre Familie, aber jemand, von dem Sie das gar nicht erwarteten, steht zu Ihnen.
mit Pik-König: Vertrauen Sie nicht Leuten, die Sie nicht so genau kennen.

Zweite Version: Sie finden in einer prekären Situation einen Anwalt, der Sie raushaut.
mit Pik-As: Ein Unheil wird von einem Freund in letzter Minute abgewendet.
Pik-As verkehrt: Sie verlieren jemanden, der immer Ihre Partei ergriffen hatte.

Herz-Dame

mit Herz-König: In Ehe und Freundschaft ist alles im Lot.
mit Herz-As: Eine Frau sorgt dafür, daß es in der Familie stimmt.
Herz-As verkehrt: In Verbindung mit einer engen Verwandten steht eine Veränderung ins Haus.
mit Kreuz-Sieben: Für Fragesteller: Die Dame Ihres Herzens sorgt sich um Sie.
Sonst: Hindernisse sind aufgebaut, die nur schwer überwunden werden können.
Kreuz-Sieben verkehrt: Die Herzensdame oder eine enge Verwandte sind sehr eifersüchtig und machen sich das Leben unnötig schwer.
mit Kreuz-Acht: Auch die Liebe kann mal vorübergehen.
Kreuz-Acht verkehrt: Die Mutter (Braut oder Ehefrau) macht Sorgen.
mit Kreuz-Neun: Reise zu zweit.
Kreuz-Neun verkehrt: Einer Herzensverbindung stehen Schwierigkeiten entgegen.
mit Kreuz-Zehn: Eine Urlaubsreise, auf der man viel erlebt (ein unverheirateter Fragesteller könnte zum Beispiel dabei die Frau seiner Träume kennenlernen).
mit Kreuz-Bube: Für Fragesteller: Glück bei Frauen.
Sonst: Sie gewinnen einen Freund.
mit Kreuz-Dame: Eine ältere Dame fördert Sie (das kann die eigene Mutter sein).

mit Kreuz-König: Bei einer Fragestellerin: Sie haben einen stillen Verehrer.
Sonst: Sie finden bei Ihrer Freundin Hilfe durch Rat und Tat.
mit Kreuz-As: Der Dame seines Herzens (oder einer Freundin) ein Geschenk machen.
Liegt Kreuz-As verkehrt, deutet das bei einem Fragesteller auf Pech in der Liebe, bei einer Fragestellerin möglicherweise auf Krankheit oder Geldverlust hin.
mit Pik-Sieben: Bei Fragestellern: Liebeskummer.
Sonst: Streit mit einer Freundin.
Pik-Sieben verkehrt: Eine Frau aus der Nachbarschaft bringt Unruhe in die eigene Ehe oder Freundschaft.
mit Pik-Acht: Sie sind eifersüchtig.
Pik-Acht verkehrt: Haben Sie vielleicht Heimweh nach der Mutter oder dem Elternhaus?
mit Pik-Neun: Eine nahe Verwandte wird krank.
Pik-Neun verkehrt: Ein Fragesteller muß um seine Liebste kämpfen.
Sonst: Hüten Sie sich vor falschen Verehrern.
mit Pik-Zehn: Eine Freundin bemüht sich um Ihre Karriere.
Oder: Eine nächtliche Aussprache klärt Mißverständnisse auf.
mit Pik-Bube: Bei einer Fragestellerin: Vorsicht, Ihr Ehemann (oder Freund) geht fremde Wege.
Sonst: Untreue ist im Spiel.
mit Pik-Dame: Eine Dame will sich in Ihre Liebesangelegenheiten mischen. Oder ist es die liebe Schwiegermutter, die bei Entscheidungen junger Eheleute allzu deftig mitsprechen will?
mit Pik-König: Verbindung zwischen zwei ungleichen Leuten.
Bei einer Fragestellerin: Sie sollten lieber nicht nach fremden Männern Ausschau halten.
mit Pik-As: Schreckschuß in der Liebe.
Pik-As verkehrt: Was man liebt, ist nicht sehr sicher.

Herz-König

mit Herz-As: Ein Mann sorgt für Ordnung in der Familie. Herz-As verkehrt: Sie lernen einen sympathischen Menschen kennen, der Sie in andere Kreise bringt.
mit Kreuz-Sieben: Ein Freund bringt Tränen mit.
Kreuz-Sieben verkehrt: Sie müssen sich vielleicht von Ihrem besten Freund trennen.
mit Kreuz-Acht: Bessere Stellung im Beruf innerhalb von Jahresfrist.
Liegt Kreuz-Acht verkehrt, bedeutet das für eine Fragestellerin, daß sich die Verbindung mit einem geliebten Mann lockert.
Sonst: Ein Freund wird krank.
mit Kreuz-Neun: Erst durch Verluste gelangen Sie ans Ziel Ihrer beruflichen Wünsche.
Kreuz-Neun verkehrt: Selbst der beste Freund kann Ihnen im Augenblick nicht helfen.
mit Kreuz-Zehn: Großes Geld kommt ins Haus.
Oder: Ein Fremder schmeichelt sich bei Ihnen ein.
mit Kreuz-Bube: Geschäftserfolge des Familienoberhaupts.
Oder: Ein lieber Freund hängt trüben Gedanken nach.
mit Kreuz-Dame: Erfolge in der Ehe und in der Freundschaft, die auch durch eine bestimmte Dame nicht verhindert werden können.
mit Kreuz-König: Sie finden Rat bei einem älteren Herrn. Bei einer Fragestellerin: Sie stehen wohl zwischen zwei Männern?
mit Kreuz-As: Ihr Freund hat beruflichen Erfolg.
Kreuz-As verkehrt: Vielleicht ist Ihr bester Freund allzu großzügig, wenn er mit anderen zusammen ist.
mit Pik-Sieben: Vorsicht vor Schulden. Wenn die Liebe nachläßt, liegt's wahrscheinlich am Mann.
mit Pik-Acht: Sorgen, die sich nicht um Geld drehen.

Pik-Acht verkehrt: Ihr Freund ist traurig, weil Sie ihn vernachlässigen.
mit Pik-Neun: Der Herr des Hauses steckt in einer gesundheitlichen Krise.
Steht Pik-Neun auf dem Kopf, geht ein Fragesteller auf Abwegen und gefährdet eine Verbindung.
Bei einer Fragestellerin: Sie haben den falschen Freund.
mit Pik-Zehn: Berufliche Sorgen werden nicht allzu lange andauern, weil ein guter Freund zu Ihnen hält.
Bei einer Fragestellerin: Es ist möglich, daß Ihr Mann oder Bekannter zu viel Geld kommt.
mit Pik-Bube: Es spricht manches gegen Sie oder Ihren Freund.
Oder: Der Mann, den Sie am meisten schätzen, hat eine Dummheit gemacht.
mit Pik-Dame: Störenfried in einer Ehe ist eine Dame, die möglicherweise auch über den Herrn des Hauses allerlei Unwahres verbreitet.
mit Pik-König: Bei einem Fragesteller: Sie sollten mal mit einem älteren Herrn über die Zukunft sprechen.
Sonst: Ein älterer Herr meint es gut mit Ihnen.
mit Pik-As: Schrecken für den Herrn des Hauses.
Pik-As verkehrt: Ein guter Freund ist in eine etwas zwielichtige Sache verwickelt.

Herz-As

mit Kreuz-Sieben: Es treibt Sie in eine unsichere Ferne.
Beide Karten verkehrt: Bei einem Umzug müssen Sie mit einer Trennung für immer rechnen.
mit Kreuz-Acht: Für kurze Zeit ist Unruhe im Haus.
Beide Karten verkehrt: Tränen um ein Familienmitglied.
mit Kreuz-Neun: Verluste werden durch den Zusammenhalt in der Familie aufgewogen.

Beide Karten verkehrt: Sie finden sich nur schwer in einer neuen Umgebung zurecht.
mit Kreuz-Zehn: Für einige Zeit sind Sie von daheim fort, möglicherweise auf Urlaub.
Herz-As verkehrt: Aus der erhofften Verbesserung Ihrer finanziellen Lage wird vorerst nichts.
mit Kreuz-Bube: In der engeren Verwandtschaft gibt es Grund zur Freude.
Herz-As verkehrt: Sie denken zuviel an die Vergangenheit, in der Sie sich besser standen als zur Zeit.
mit Kreuz-Dame: Ihr Traditionsbewußtsein eckt in Nachbarschaft oder Kollegenkreis an.
Herz-As verkehrt: Eifersuchtsszenen wegen einer dunkelhaarigen Frau.
mit Kreuz-König: Der Senior der Familie lädt ein.
Herz-As verkehrt: In einer neuen Umgebung findet eine Fragestellerin einen stillen Verehrer.
Sonst: Die Trennung von einem nahen Verwandten berührt Sie schmerzlich.
mit Kreuz-As: Ihre geordneten Verhältnisse geraten etwas in Unordnung.
Beide Karten verkehrt: Jemand, den Sie gern mögen, wird von Ihrer Seite gerissen.
mit Pik-Sieben: Ein kleiner Familienstreit, der alles wieder ins Lot bringt.
Beide Karten verkehrt: Sie sollten sich jetzt nicht verändern wollen.
mit Pik-Acht: Eifersucht macht daheim dicke Luft.
Beide Karten verkehrt: Ihre Hoffnung, in einer anderen Umgebung besser zurechtzukommen, erfüllt sich nicht.
mit Pik-Neun: Schwere Krankheit (oder Schwierigkeiten) im engeren Familienkreis.
Beide Karten verkehrt: Ein Umzug brächte jetzt ein großes Risiko.
mit Pik-Zehn: Begegnung mit einem Fremden eröffnet neue Perspektiven.

Herz-As verkehrt: Sie könnten in der Fremde zu Geld und Ansehen kommen.
mit Pik-Bube: Ein Hausfreund steht vor der Tür.
Herz-As verkehrt: Man rät Ihnen falsch, wenn man sagt, jetzt sei der beste Zeitpunkt für eine berufliche Veränderung.
mit Pik-Dame: Sie haben Streit mit einer Frau, die schlecht über Sie spricht.
Herz-As verkehrt: Eine junge Verwandte will das Elternhaus verlassen.
mit Pik-König: Im Beruf haben Sie einen Gegenspieler, der Ihnen schwer zu schaffen macht.
Herz-As verkehrt: Ein Gegner will Sie zwingen, sich eine andere Wohnung zu suchen.
mit Pik-As: Unruhe in der eigenen Familie.
Beide Karten verkehrt: Sie müssen mit einem Verlust rechnen, wenn Sie sich jetzt verändern.

Kreuz-Sieben

mit Kreuz-Acht: Der Kummer hält nur kurze Zeit an.
Beide Karten verkehrt: Mit Ihrer Eifersucht machen Sie alle krank.
mit Kreuz-Neun: Unsicherheit am Arbeitsplatz.
Beide Karten verkehrt: Sie müssen gegen eine Krankheit ankämpfen.
mit Kreuz-Zehn: Sie dürfen vorerst nur vom großen Geld träumen.
Kreuz-Sieben verkehrt: Sogenannte gute Freunde raten zu einer Reise, die ein Fiasko werden könnte.
mit Kreuz-Bube: Ihre Gesundheit stabilisiert sich.
Kreuz-Sieben verkehrt: Ein junger Mann sorgt für viel Aufregung in der Familie.
mit Kreuz-Dame: Man stellt Ihnen Bedingungen, wie Sie

aus einer mehr oder weniger prekären Situation kommen können.

Kreuz-Sieben verkehrt: Sie ziehen sich die Feindschaft einer älteren Dame zu, die es eigentlich ganz gut mit Ihnen meinte.

mit Kreuz-König: Ein Freund rüttelt Sie wach.

Kreuz-Sieben verkehrt: Sie sollten einen Bekannten oder nahen Verwandten zum Arzt schicken.

mit Kreuz-As: Eine Erbschaft oder ein Gewinn sind nicht so groß, wie Sie zunächst annahmen.

Beide Karten verkehrt: Sie werden trotz erheblicher Anstrengungen einen Fehlschlag landen.

mit Pik-Sieben: Sie sollten über einen herben Verlust nicht weinen.

Beide Karten verkehrt: Eine endgültige Trennung steht bevor.

mit Pik-Acht: Ärger im Geschäft und Ärger daheim.

Beide Karten verkehrt: Sie hoffen vergeblich, daß sich ein Verhältnis kitten läßt.

mit Pik-Neun: Sie werden krank oder erhalten die Mitteilung, daß ein Ihnen nahestehender Mensch in die Klinik mußte.

Beide Karten verkehrt: Das Schicksal wird hart zuschlagen.

mit Pik-Zehn: Wenn Sie so weitermachen, wird alles für Sie schlimm enden.

Kreuz-Sieben verkehrt: Ihre Existenz steht auf dem Spiel – handeln Sie rasch!

mit Pik-Bube: Weinen Sie einem falschen Freund keine Träne nach.

Kreuz-Sieben verkehrt: Machen Sie Schluß, wenn Sie merken, daß man Sie betrügt.

mit Pik-Dame: Eine ekelhafte Frau versucht, Sie bei anderen herabzusetzen.

Kreuz-Sieben verkehrt: Sie erfahren von der unglücklichen Liebe einer jüngeren Verwandten.

mit Pik-König: Ein Gegner gibt endlich auf.
Kreuz-Sieben verkehrt: Sie ziehen den Schlußstrich unter eine Gegnerschaft.
mit Pik-As: Sie bekommen eine für Sie betrübliche Nachricht.
Beide Karten verkehrt: Ein arger Verlust wird Sie erschüttern.

Kreuz-Acht

mit Kreuz-Neun: Verlust, der kurze Zeit Sorgen bereitet.
Beide Karten verkehrt: Sie bleiben auf Ihrem Weg nach oben stecken.
mit Kreuz-Zehn: Ein Prozeß kann durch einen etwas faulen Vergleich beendet werden.
Kreuz-Acht verkehrt: Ein Fremder übermittelt Ihnen eine traurige Nachricht.
mit Kreuz-Bube: Gute Nachricht über den Gesundheitszustand.
Kreuz-Acht verkehrt: Sie machen sich Gedanken über Ihren weiteren Lebensweg.
mit Kreuz-Dame: Bei einem Flirt kommt allerlei zur Sprache.
Kreuz-Acht verkehrt: Eine Nachbarin hat einen herben Verlust erlitten, Sie sollten sie trösten.
mit Kreuz-König: Ein Gönner greift rechtzeitig ein.
Kreuz-Acht verkehrt: Sie brauchen Hilfe und sollten einen Fachmann zu Rate ziehen.
mit Kreuz-As: Nur kurz ist die Freude über einen Gewinn.
Beide Karten verkehrt: Hoffen Sie nicht, daß sich ein bestimmter Fall schnell erledigen wird.
mit Pik-Sieben: Ärger, der aber schnell vorübergeht.
Beide Karten verkehrt: Eine Reise würde Ihnen zur Zeit Schaden bringen.

mit Pik-Acht: Eifersucht, die Leiden schafft.
Beide Karten verkehrt: Sie erhalten eine Nachricht, die Sie traurig stimmt.
mit Pik-Neun: Sie sind selber schuld, wenn Sie der Ärger krank macht.
Beide Karten verkehrt: Sie stürzen sich von einem Risiko in das andere.
mit Pik-Zehn: Im Beruf entstehen Spannungen, die aber bald gelöst werden.
Kreuz-Acht verkehrt: Sie sind in Ihrer Existenz gefährdet.
mit Pik-Bube: Sie fallen auf eine Intrige herein.
Kreuz-Acht verkehrt: Unaufrichtigkeit wird Ihnen Schaden bringen.
mit Pik-Dame: Man bringt Sie in falschen Verdacht.
Kreuz-Acht verkehrt: Eine Verwandte hat Pech – Sie sollten ihr helfen, auch wenn Sie sie nicht leiden können.
mit Pik-König: Ein Besuch kommt zur unrechten Zeit.
Kreuz-Acht verkehrt: Ein Prozeß zögert sich hinaus.
mit Pik-As: Ein Schreck sitzt in den Gliedern.
Kreuz-Acht verkehrt: Sie sollten besser noch mal von vorne anfangen, auch wenn Sie das einige Lebensjahre kosten sollte.

Kreuz-Neun

mit Kreuz-Zehn: Im Beruf kann es zu einer Gehaltsaufbesserung kommen.
Kreuz-Neun verkehrt: Ein Fremder macht Sie darauf aufmerksam, daß Sie Ihr Freund nach Strich und Faden betrügt.
mit Kreuz-Bube: Gute Nachricht von einer Behörde.
Kreuz-Neun verkehrt: Nur in Gedanken sind Sie schon über die Hindernisse weg, die man Ihnen in den Weg stellte.
mit Kreuz-Dame: Eine Verwandte hat Schwierigkeiten.

Kreuz-Neun verkehrt: Eine Freundin oder Nachbarin spielt falsch.

mit Kreuz-König: Ein Höherstehender fördert Sie.

Kreuz-Neun verkehrt: Sie werden noch eine Zeitlang zu leiden haben, wenn Sie nicht endlich jemanden rufen, der Ihnen hilft.

mit Kreuz-As: Man macht Ihnen eine Freude.

Beide Karten verkehrt: Sie haben sich zuviel vorgenommen und landen in einer Sackgasse.

mit Pik-Sieben: Sie können einen Fehlschlag kaum verwinden.

Beide Karten verkehrt: Ihre Liebe wird wahrscheinlich nicht erwidert.

mit Pik-Acht: Nichts als Ärger im Beruf.

Beide Karten verkehrt: Sie sind traurig, daß der Partner wie ein gehörnter Ochse reagiert.

mit Pik-Neun: Ein Schicksalsschlag erweist sich als nicht so schlimm.

Beide Karten verkehrt: Sie gehen zur Zeit einen dornenvollen Weg.

mit Pik-Zehn: Im Beruf festigt sich Ihre Stellung zusehends, auch mehr Geld ist drin.

Kreuz-Neun verkehrt: Mindestens noch ein Jahr werden Sie warten müssen, bis Sie endlich soweit sind, daß Sie aufatmen können.

mit Pik-Bube: Man denkt schlecht von Ihnen.

Kreuz-Neun verkehrt: Sie sind eifersüchtig auf jemanden, der sich in Ihre Ehe oder Freundschaft drängen will.

mit Pik-Dame: Eine Kollegin schwärzt Sie an.

Kreuz-Neun verkehrt: Sie werden erst sehr viel später dahinterkommen, daß Sie sich an die Falschen angeschlossen haben.

mit Pik-König: Wenn Sie im Leben etwas erreicht haben, sollten Sie sich vor einem Neider in acht nehmen.

Kreuz-Neun verkehrt: In einer Rechtssache sollten Sie mal einen Anwalt um Rat fragen.

mit Pik-As: Sie werden im Beruf zurückgesetzt.
Beide Karten verkehrt: Über kurz oder lang werden Sie einen schmerzlichen Verlust erleiden.

Kreuz-Zehn

mit Kreuz-Bube: Ein Prozeß endet zu Ihren Gunsten.
Oder: In Gedanken verteilen Sie schon das Geld, das Sie bald erhalten werden.
mit Kreuz-Dame: Eine Dame schlichtet einen Streit, den Sie zu verlieren drohten.
Zweite Version: Ein glückliches Paar lehrt Sie, wie man mit dem, den man liebt, umgehen muß.
mit Kreuz-König: Ein Herr sorgt dafür, daß Sie beruflich die Tapete wechseln können.
Oder: Ein älterer Herr bringt eine erfreuliche Nachricht ins Haus.
mit Kreuz-As: Sie können auf viel Geld hoffen.
Kreuz-As verkehrt: Viel Glück wird Ihnen ein Geldgewinn kaum bringen.
mit Pik-Sieben: Verlust im Spiel oder finanzieller Ärger.
Pik-Sieben verkehrt: Eine Reise verläuft nicht so, wie Sie sich das vorgestellt haben.
mit Pik-Acht: Das Geld fließt nicht so, wie Sie es sich erhofft hatten, wenn Pik-Acht verkehrt liegt.
Sonst: Nur nach anstrengender Arbeit werden Sie hoch belohnt werden.
mit Pik-Neun: Schwerer Ärger im Beruf oder aber ein verlorener Prozeß.
Pik-Neun verkehrt: Sie laufen Gefahr, Ihre letzten Spargroschen zu verlieren.
mit Pik-Zehn: Sie bekommen eine Position in der Ferne angeboten.
Oder: Mit sehr viel Köpfchen werden Sie etwas schon verloren Geglaubtes aus dem Feuer reißen.

mit Pik-Bube: Ein Fremder versucht, Sie durch unsaubere Machenschaften zu gewinnen.
Oder: Lassen Sie besser die Finger von einem Angebot, das Ihrem Niveau nicht entspricht.
mit Pik-Dame: Gehen Sie mit einer Frau, die Sie beleidigte, lieber nicht vor Gericht.
Zweite Version: Eine ältere Dame hält Ihnen Ihren zu großspurigen Lebenswandel vor.
mit Pik-König: Bei einem Prozeß geht es hart auf hart, aber ein heute Ihnen noch Fremder wird Sie herauspauken.
mit Pik-As: Geschäftlicher Ärger oder finanzielle Einbußen.
Oder: Sie müssen mit hohen Geldausgaben rechnen.

Kreuz-Bube

mit Kreuz-Dame: Hilfe durch eine Behörde. Vielleicht kommt auch eine günstige Nachricht vom Finanzamt.
mit Kreuz-König: Ein Freund sorgt dafür, daß eine verfahrene Situation bereinigt wird.
Oder: Gehen Sie mal zu einem anderen Arzt, vielleicht weiß der mehr und hilft Ihnen eher.
mit Kreuz-As: Sie haben Aussicht auf einen Geldgewinn.
Kreuz-As verkehrt: Passen Sie besser auf Ihr Geld auf.
mit Pik-Sieben: In Ihre beruflichen Pläne können Sie jetzt auch eine Veränderung einbauen.
Pik-Sieben verkehrt: Ein Prozeß verläuft nicht so, wie Sie sich das wünschen möchten.
mit Pik-Acht: Ein mißgünstiger Kollege kommt mit seiner Meinung nicht durch.
Pik-Acht verkehrt: Ihre Hoffnung, endlich auf einen grünen Zweig zu kommen, ist trügerisch.
mit Pik-Neun: Jetzt sollten Sie eine Kur machen.
Pik-Neun verkehrt: Es besteht die Gefahr, daß Sie eine Menge Geld verlieren.

mit Pik-Zehn: Ihr beruflicher Erfolg ist von nun an gesichert. Über Nacht kommt Ihnen die Erleuchtung, wie Sie Ihre Existenz auf eine andere Basis stellen können.
mit Pik-Bube: Lassen Sie sich die Laune nicht durch einen Intriganten verderben.
Oder: Ein Freund wendet sich einem Fremden zu – lassen Sie ihn laufen.
mit Pik-Dame: Eine Dame aus der Nachbarschaft, von der Sie sonst nicht viel hielten, steht Ihnen zur Seite.
Oder: Ein Pärchen macht Ihnen das Leben schwer.
mit Pik-König: Wenn zwei sich streiten, sollten Sie das Weite suchen.
Andere Version: Man gibt Ihnen einen guten Ratschlag.
mit Pik-As: Unheil wird sich in Freude auflösen.
Oder: Eine scheinbare Glücksbotschaft endet mit einem Verlust.

Kreuz-Dame

mit Kreuz-König: Ein Ehepaar, das es gut mit Ihnen meint.
Oder: Sie sollten mehr auf ältere Leute hören.
mit Kreuz-As: Nach allerlei Ärger kommt plötzlich die hilfreiche Unterstützung.
Kreuz-As verkehrt: Eine nahe Verwandte ist krank, Sie sollten sie mal besuchen.
mit Pik-Sieben: Verluste werden im rechten Augenblick abgefangen.
Pik-Sieben verkehrt: Eine Nachbarin meint es gut, rät Ihnen aber zu genau dem Falschen.
mit Pik-Acht: Sie sollten nicht auf jemanden eifersüchtig sein, der Ihnen nur helfen will.
Pik-Acht verkehrt: Eine ältere Dame sehnt sich nach Ihnen und ist traurig, daß Sie nichts von sich hören lassen.
mit Pik-Neun: Sie sollten sich nicht so niedergeschlagen

zeigen, sondern mehr Wert auf Ihre äußere Erscheinung legen.
Pik-Neun verkehrt: Ein Schicksalsschlag, der sich auf eine Verwandte bezieht.
mit Pik-Zehn: Eine Vorgesetzte oder Frau eines Vorgesetzten ist mit Ihnen nicht mehr zufrieden.
Oder: Sie müssen schon recht klug taktieren, um sich bei einer älteren Person durchzusetzen.
mit Pik-Bube: Jemand macht Sie vor einer Dame schlecht.
Oder: Aus einer Freundschaft wird nichts.
mit Pik-Dame: Halten Sie sich aus dem Nachbarschaftsklatsch heraus.
Andere Version: Mit weiblichen Verwandten haben Sie anscheinend kein Glück.
mit Pik-König: Ein älterer Herr (oder Dame) interessiert sich für Sie und Ihre Familie.
Oder: Fangen Sie keinen Krach mit Leuten an, die klüger sind als Sie.
mit Pik-As: Sie machen jemandem den Hof.
Pik-As verkehrt: Es steht schlecht um eine Freundin.

Kreuz-König

mit Kreuz-As: Sie werden beruflich gefördert.
Kreuz-As verkehrt: Trauen Sie jemandem nicht, der Ihnen seine Meinung aufschwatzen will.
mit Pik-Sieben: Eine Versetzung steht ins Haus.
Pik-Sieben verkehrt: Ein Ihnen Nahestehender ist hoffnungslos verliebt.
mit Pik-Acht: Sie müssen schwer arbeiten, um auf einen grünen Zweig zu kommen.
Pik-Acht verkehrt: Sie sind traurig, daß ein wohlgemeinter Rat sich für Sie als Seifenblase erweist.
mit Pik-Neun: Ein guter Freund oder Bekannter erkrankt schwer.

Pik Neun verkehrt: Es droht Gefahr für Sie von einer Amtsperson.
mit Pik-Zehn: Im Beruf oder im Geschäft kann es zu Rückschlägen kommen, obwohl Sie gut beraten waren.
Oder: Sie tricksen klug einen älteren Kollegen aus, der sich gegen Sie wandte.
mit Pik-Bube: Suchen Sie nicht Rat bei jemandem, der nur vorgibt, Ihr Freund zu sein.
Oder: Jemand, der vorgibt, Sie zu mögen, spielt Ihnen einen Streich.
mit Pik-Dame: Streit um des Kaisers Bart.
Andere Version: Mischen Sie sich nicht ein, wenn zwei sich streiten.
mit Pik-König: Sie erhalten Unterstützung von jemandem, den Sie eigentlich für ihren Gegner hielten. Vielleicht streiten zwei Herren nur miteinander, um Ihnen zu imponieren.
mit Pik-As: Sie sollten einmal zum Arzt gehen.
Pik-As verkehrt: Ein hochgestellter Herr wendet sich von Ihnen ab.

Kreuz-As

mit Pik-Sieben: Sie werden sich wieder hochrappeln.
Beide Karten verkehrt: Ein herber Verlust wird Sie erschüttern.
mit Pik-Acht: Geschäftlichen Ärger sollten Sie nicht in häusliche Launen umsetzen.
Beide Karten verkehrt: Die Hoffnung sollte man nicht aufgeben, auch wenn es um Leben und Tod geht.
mit Pik-Neun: Eine Krankheit wird überwunden.
Beide Karten verkehrt: Sie steuern in eine gefährliche Lage.
mit Pik-Zehn: Eine traurige Botschaft erreicht Sie.
Kreuz-As verkehrt: Es steht nicht allzu gut um ein Projekt.
mit Pik-Bube: Trotz mancherlei Intrigen werden Sie vorwärtskommen.

Kreuz-As verkehrt: Jemand will Ihnen die Karriere verbauen.
mit Pik-Dame: Hängen Sie sich nicht an eine falsche Schlange.
Kreuz-As verkehrt: Eine Klatschbase versucht, Sie bei Freunden schlechtzumachen.
mit Pik-König: Man verurteilt Ihr Vorgehen.
Kreuz-As verkehrt: Ihrem Vater oder Schwiegervater geht es nicht allzugut.
mit Pik-As: Ein Prozeß droht zu Ihren Ungunsten auszugehen.
Beide Asse verkehrt: Bei Ihnen heißt es wahrscheinlich »Wie gewonnen, so zerronnen!«

Pik-Sieben

mit Pik-Acht: Sie sollten nicht mehr so viel arbeiten, sonst wird der Streß Sie noch schaffen.
Beide Karten verkehrt: Anscheinend sind Sie hoffnungslos verliebt.
mit Pik-Neun: Eine Krankheit wird Sie möglicherweise längere Zeit ans Bett fesseln.
Beide Karten verkehrt: Das Schicksal kann grausam sein.
mit Pik-Zehn: Existenzverlust oder zumindest ein Rückschlag im Beruf.
Pik-Sieben verkehrt: Über Nacht geht Ihnen auf, daß Sie ein bisher enges Verhältnis lösen müssen.
mit Pik-Bube: Sie haben Ärger mit mißgünstigen Kollegen.
Pik-Sieben verkehrt: Man spielt falsch mit Ihnen.
mit Pik-Dame: Eine falsche Freundin will dafür sorgen, daß Ihnen ein Denkzettel verpaßt wird.
Pik-Sieben verkehrt: Ihrer Schwiegermutter (oder einer älteren Dame, die Ihnen manchmal schon böse war) geht es nicht gut zur Zeit.

mit Pik-König: Ein Prozeß oder ein Streitfall wird, wenn er nicht gleich zu Ihren Ungunsten verläuft, lange andauern.
Pik-Sieben verkehrt: Sie sollten sich vor einem älteren Herrn in acht nehmen, der Ihnen eins auswischen will.
mit Pik-As: In der Familie steht nicht alles zum Besten.
Beide Karten verkehrt: Sie bekommen etwas nicht zurück, an dem Sie sehr hingen.

Pik-Acht

mit Pik-Neun: Sie werden einige herbe Verluste in Kauf nehmen müssen.
Beide Karten verkehrt: Sie sind traurig, daß man falsch spielt.
mit Pik-Zehn: Im Beruf haben Sie einen ganz schönen Konkurrenzkampf auszufechten.
Mit Pik-Acht verkehrt: Sie hoffen vergebens auf eine Besserstellung im Beruf.
mit Pik-Bube: Jemand, der vorgab, ein treuer Freund zu sein, wendet sich von Ihnen ab.
Pik-Acht verkehrt: Über die Lügenhaftigkeit einer bestimmten Person sind Sie traurig.
mit Pik-Dame: Sie werden eifersüchtig bewacht.
Pik-Acht verkehrt: Eine ältere Dame raubt Ihnen jede Hoffnung.
mit Pik-König: Ein Rivale versucht, Ihnen einen Streich zu spielen.
Pik-Acht verkehrt: Es birgt immer ein Risiko, wenn Sie sich gegen jemanden stellen, der am längeren Hebel sitzt.
mit Pik-As: Das Schicksal spielt übel mit.
Beide Karten verkehrt: Natürlich sind Sie traurig, wenn man Ihnen Ihre ureigensten Ideen stiehlt.

Pik-Neun

mit Pik-Zehn: Trauerfall in der Nachbarschaft.
Pik-Neun verkehrt: Es besteht die Gefahr, daß im Beruf manches schiefläuft.
mit Pik-Bube: Ein Verleumder macht Sie krank.
Pik-Neun verkehrt: Wenn Sie gegen einen Menschen vorgehen, der es nicht allzu gut mit Ihnen meint, könnten Sie am Ende unterliegen.
mit Pik-Dame: Ärger wegen Klatschtanten in der Nachbarschaft.
Pik-Neun verkehrt: Es ist schon traurig, wie eine gewisse Dame gegen Sie stänkert.
mit Pik-König: Sie sollten einem Fremden nicht soviel über sich und Ihre Familie erzählen.
Pik-Neun verkehrt: Gefahr droht von einem Gegner, der alle Tricks anwendet, um Ihnen zu schaden.
mit Pik-As: Sie können nach dem ersten Schreck einige Unannehmlichkeiten aus dem Wege räumen.
Beide Karten verkehrt: Sie trifft plötzlich ein Schicksalsschlag, der die Trennung von etwas sehr Liebem bedeutet.

Pik-Zehn

mit Pik-Bube: Ein Kollege macht Ihnen Berufserfolge streitig.
Oder: In finanzieller Hinsicht wird Ihnen übel mitgespielt.
mit Pik-Dame: Sie haben vor, mit Leuten zu verreisen, die Sie eigentlich nicht mögen.
Andere Version: Endlich erkennen Sie, daß Sie sich nicht auf Klatsch verlassen können.
mit Pik-König: Sie finden im Beruf jemanden, der die gleichen Interessen hat wie Sie.
Oder: Ein älterer Herr ergreift Partei für Sie.

mit Pik-As: Die Existenz ist in Gefahr.
Pik-As verkehrt: Man überfällt Sie mit einem seltsamen Angebot, das Sie auf keinen Fall annehmen sollten.

Pik-Bube

mit Pik-Dame: Um Sie herum ist viel Falschheit.
Oder: Ein nicht gerade ehrliches Pärchen will sich Ihre Gunst erschleichen.
mit Pik-König: Unangenehme Verwicklungen, die Sie an den Rand des Abgrunds bringen können.
Oder: Hüten Sie sich vor zwei recht streitbaren Herren aus Ihrer Umgebung, die Ihnen übel wollen.
mit Pik-As: Sie sind in Gefahr, einem Falschspieler zu erliegen.
Pik-As verkehrt: Seien Sie froh, daß Sie einen Freund verloren haben, der eigentlich gar keiner war.

Pik-Dame

mit Pik-König: Ein Paar, das Ihnen wohlgesonnen ist, sieht sich in Ihnen getäuscht.
Oder: Eine Dame droht Ihnen mit einem Rechtsstreit.
mit Pik-As: Eine Dame bereitet Ihnen Sorgen, möglicherweise auch ein Kind.
Pik-As verkehrt: Ihre Frau (oder Freundin) erleidet einen herben Verlust.

Pik-König

mit Pik-As: Sie erhalten von jemandem, der es gut mit Ihnen meint, eine Nachricht, die für Ihr ferneres Leben ausschlaggebend sein kann.
Pik-As verkehrt: Ihr Partner (oder Freund) verliert einen nahen Angehörigen.

Dreierkombinationen

Eigentlich können Sie mit dem Wissen um die Bedeutung der einzelnen Karten und der Zweierkombinationen jetzt schon mit dem Wahrsagen beginnen. Um Ihnen aber das Kartenlegen noch mehr zu erleichtern, haben wir auf den nächsten Seiten Dreierkombinationen zusammengestellt, deren Deutung wir mit Hilfe der beiden letzten Kapitel vornahmen, um Ihnen die Umsetzung des bisher Gesagten in größere Zusammenhänge zu erleichtern. Auch hier ist Ihren eigenen Ideen breiter Spielraum gelassen.
Und noch etwas: Übung macht den Meister! Zunächst werden Sie sicher einmal in den Kapiteln »Was die einzelnen Karten aussagen« und »Zweierkombinationen« nachschlagen, was die jeweils drei Karten, die wir Ihnen nachstehend vorstellen, bedeuten. Lesen Sie dann die Unterschrift unter diesen Karten, und vergleichen Sie diese mit dem in den beiden Kapiteln Gesagten. Sie werden dabei feststellen, daß wir jeweils die Aussage der linken und der mittleren Karte mit der Aussage der mittleren und der rechten Karte (also zwei Zweierkombinationen) kombiniert haben.
Nur wenn eine Personenkarte abgebildet ist, haben wir die Bedeutung der beiden anderen Karten einzeln herangezogen, da es sich ja hier um einen speziellen Fall handelt, bei dem die Aussage auf eine einzelne Person abgestimmt werden muß.
Nun schauen Sie sich unsere Musterkombinationen mit 3 Karten einmal genauer an, und untersuchen Sie, wie wir zu diesen Deutungen kamen. Beachten Sie dabei auch, ob einzelne Karten richtig oder verkehrt liegen. Wenn Sie dann dieses und die beiden vorhergehenden Kapitel gründlich studiert haben, sollten Sie sich zur Übung einmal andere Dreierkombinationen legen und sie in der eben beschriebenen Weise ausdeuten.

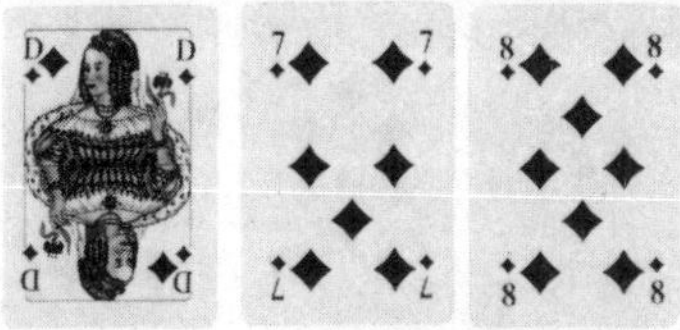

Karo-Dame, Karo-Sieben, Karo-Acht
Wenn die Karten für eine unverheiratete Frau gelegt werden, hat diese – weil Karo-Sieben verkehrt liegt – einen Verlust erlitten, der aber ausgeglichen werden kann. Ist Karo-Dame keine Personenkarte, dann wendet sich nach einem harten Kampf alles zugunsten dessen, dem man die Karten legt.

Kreuz-König, Karo-Acht, Pik-Neun
Sie gehen finanziell einen risikoreichen Weg (Pik-Neun verkehrt), bekommen aber einen Bundesgenossen, der Ihre Finanzen ordnet und dafür sorgt, daß Sie wieder besser schlafen können. Der Bundesgenosse kann natürlich auch Ihr neuer Steuerberater sein.

Herz-Zehn, Karo-Neun, Pik-König
Hier lernt man einen bisher unbekannten Mann kennen, der ein rechter Schmeichler ist, hinter dessen Worten man aber reines Wortgeklingel vermuten kann. Zu trauen ist ihm kaum.

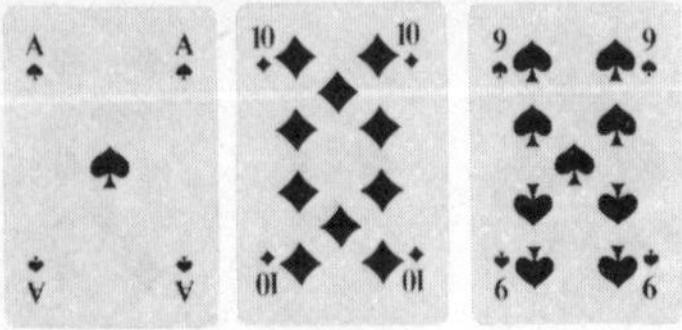

Pik-As, Karo-Zehn, Pik-Neun
Noch lange Zeit werden Sie sich mit einem Problem herumschlagen müssen, dessen Lösung in nebelhafte Ferne gerückt ist. Trotzdem ziehen Sie daraus den Vorteil, Erfahrungen fürs Leben zu sammeln, die Sie irgendwann einmal nutzbringend anwenden können.

Karo-König, Karo-Bube, Herz-Dame
Ein unverheirateter Fragesteller (Karo-König) rechnet sich Chancen bei einer verheirateten Frau aus, die anscheinend viel Geld besitzt. Eine verheiratete Fragestellerin (Herz-Dame) flirtet gern mit Männern, die freilich nur ihr Spiel mit der Dame treiben möchten. Bei anderen Fragestellerinnen könnte ein betuchter Herr den Gönner spielen, bei Fragestellern ist es eine Dame oder auch ein reiches Ehepaar, das verschwenderisch mit seinem Geld umgeht.

Herz-Bube, Karo-Dame, Kreuz-Neun
So ohne weiteres sollten Sie die Freundschaft zu einer netten Person nicht aufgeben; vielleicht machen Sie ihr mal ein hübsches Geschenk. Für eine unverheiratete Fragestellerin ist diese Kombination ein Zeichen für die unerschütterliche Treue ihres Freundes, der sich allerdings des öfteren für Tage oder sogar Wochen nicht sehen läßt.

Pik-Zehn, Karo-König, Pik-Neun
Ein Gönner versteht Sie nicht mehr und hat sehr viel gegen Ihre allzu große Risikobereitschaft im Beruf einzuwenden; er sieht Verluste voraus und rät Ihnen, die Finger von Projekten zu lassen, bei denen Sie möglicherweise Geld verlieren können. Ist Karo-König die Personenkarte des Fragestellers, so ist seine Existenz ein wenig bedroht, weil er von falschen Menschen umgeben ist; andere Karten über oder unter dieser Personenkarte können darüber aussagen, ob Pik-Neun, die ja verkehrt liegt, wirklich ein glücklich begonnenes Unternehmen gefährden kann.

Kreuz-König, Karo-As, Kreuz-Zehn
Kreuz-König als Personenkarte: Da erhält ein Witwer wie aus heiterem Himmel einen Liebesbrief oder doch zumindest eine Nachricht, die sein Leben umkrempeln wird. Ist ein anderes Blatt Personenkarte, erhält man die Mitteilung eines älteren Herrn, der mit einem guten Tip ein Geschäft vermittelt, das zum persönlichen Wohlstand des Fragestellers oder der Fragestellerin beitragen wird.

Kreuz-Zehn, Herz-Sieben, Kreuz-Sieben
In der Familie dessen, dem man die Karten legt, gibt es einigen Ärger, der sich aber bald in lauter Wonne auflösen wird. Darauf deutet die richtig liegende Herz-Sieben hin, obwohl sie zwischen zwei ausgesprochenen Ärgerkarten liegt.

Pik-Sieben, Herz-Acht, Pik-Acht
Da Pik-Sieben und Pik-Acht verkehrt liegen, wird ein kleiner Streit sich zu einem regelrechten Dilemma ausweiten. Keiner will hier die Hand zur Versöhnung reichen, jeder beharrt auf seinem eigenen subjektiven Standpunkt.

Herz-Dame, Herz-Neun, Kreuz-König
Einer verheirateten Fragestellerin, die in glücklicher Ehe lebt, wird durch einen ihr nahestehenden Mann (Vater? Schwiegervater? Bruder?) in hochherziger Weise geholfen, damit vielleicht ein eventuelles Defizit in der Haushaltskasse ausgeglichen werden kann. Ist die Person, der man die Karten legt, ein Witwer, kann man annehmen, daß ihm eine gute Freundin über trübe Stunden hinweghelfen wird. Sind andere Blätter die Personenkarten, können der Fragesteller oder die Fragestellerin darauf hoffen, daß gute Freunde (vielleicht ein nicht ganz unbetuchtes Ehepaar) ihnen mit Rat und Tat zur Seite stehen werden.

Herz-Neun, Herz-Zehn, Kreuz-As
Obwohl Sie immer wieder die Zusicherung erhalten, daß man für Sie sogar durchs Feuer gehen würde, sind Sie nicht ganz sicher (Herz-Neun verkehrt!), daß das auch so ist. Weitere Karten können bei dieser Kombination darüber aussagen, ob Sie vielleicht durch zu großes berufliches Engagement in der Liebe etwas zu kurz kommen.

Karo-Neun, Herz-Bube, Karo-As
In Kürze wird ein beruflicher Wunsch nach einer Aufbesserung der bisherigen Bezüge in Erfüllung gehen; erwarten Sie aber nicht zuviel, denn sonst könnten Sie doch noch enttäuscht werden.

Herz-As, Herz-Dame, Kreuz-Sieben
Eine nahe Verwandte – bei einem verheirateten Fragesteller die eigene Frau – möchte, daß Sie mal die Tapete wechseln (Herz-As verkehrt!); lassen Sie sich aber besser nicht darauf ein, denn was man hat, das hat man! Eine verheiratete Fragestellerin hat ein einschneidendes Erlebnis, das sie zu ihrem Leidwesen dazu zwingt, einen anderen Weg zu gehen als den, den sie eigentlich beschreiten wollte; das kann sie wohl schier zur Verzweiflung treiben.

Herz-Neun, Herz-König, Karo-Bube
Ein verheirateter Fragesteller kann sich in dieser Verbindung auf die Erfüllung eines langgehegten Wunsches freuen, die ihm eine Menge Geld einbringen kann. Bei anderen Fragestellern oder Fragestellerinnen bedeutet diese Kombination, daß ein guter Freund einen sympathischen Menschen vorstellt, der in nächster Zeit ihren Lebensweg mitbestimmen wird.

Karo-Zehn, Herz-As, Pik-Sieben
In der Familie herrscht Streit darüber, ob man eine Einladung annehmen soll oder nicht. Schließlich wird man im letzten Augenblick zusagen und hinterher glücklich sein, weil sich das Ganze als ein Volltreffer erwies. Vielleicht ist da sogar ein Gönner am Werk, der ein gutes Geschäft verspricht.

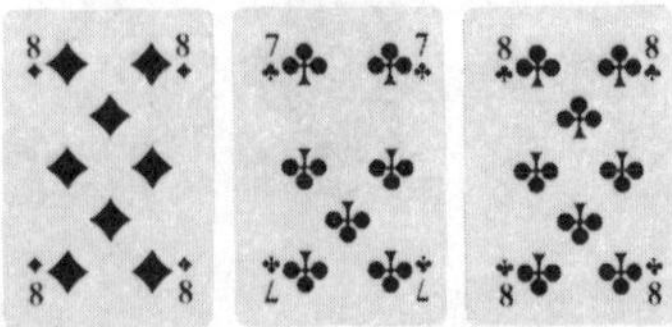

Karo-Acht, Kreuz-Sieben, Kreuz-Acht
Ihre Eifersucht geht nun wirklich zu weit, wenn Sie schon jemandem Geld geben, damit er der angeblichen Treuelosigkeit Ihres Partners oder Ihrer Partnerin auf die Spur kommt (Kreuz-Sieben und Kreuz-Acht verkehrt!). Gehen Sie lieber in sich, und versuchen Sie in Zukunft durch liebevolle Zuneigung das Herz dessen, den Sie lieben, immer wieder neu zu gewinnen.

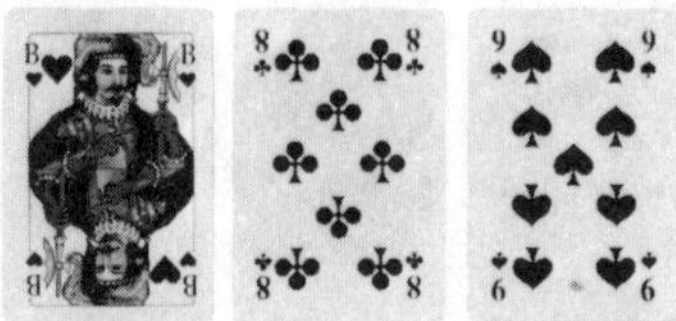

Herz-Bube, Kreuz-Acht, Pik-Neun
Sie haben zum Ärger überhaupt keinen Grund; denn ein guter Freund steht Ihnen zur Seite, der dafür sorgen wird, daß Sie bald wieder lachen können.

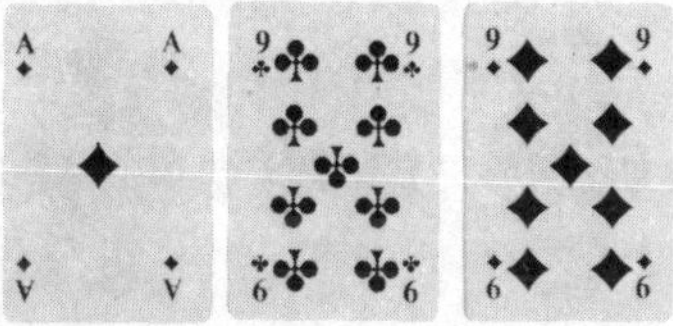

Karo-As, Kreuz-Neun, Karo-Neun
Sie haben völlig recht, wenn Sie um den Menschen, den Sie gern haben, kämpfen (Kreuz-Neun verkehrt!), auch wenn er Ihnen eine herbe Enttäuschung bereitet hat. Aber ist ein kleiner Flirt so viel wert, daß man sich darüber grün und blau ärgert oder gar entzweit?

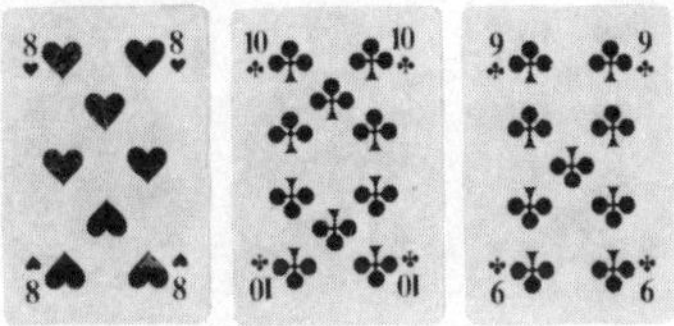

Herz-Acht, Kreuz-Zehn, Kreuz-Neun
Ein Fremder sorgt für eine Überraschung, die Ihnen nicht so recht in den Kopf gehen will. Er behauptet nämlich, daß Ihr Freund Sie betrügt (Kreuz-Neun verkehrt weist ja auch auf falsche Freunde hin). Gleich darauf wissen Sie schon, daß er einer Verwechslung zum Opfer gefallen ist.

Herz-Zehn, Kreuz-Bube, Pik-Dame
Ein Ehepaar bringt viel Unruhe in Ihr trautes Heim, aber es erweist sich bald als recht hilfreich, auch wenn es Ihnen zunächst das Leben schwerzumachen schien.

Pik-Bube, Kreuz-Dame, Pik-Dame
Eine Witwe, der man die Karten legt, sollte sich besser aus Nachbarschaftsklatsch heraushalten, weil man sie hinterher doch nur schlecht machen wird. Auch bei anderen Personenkarten ist in dieser Kombination viel von Schwätzereien die Rede; jedenfalls sollte man sich seine Freunde in der Nachbarschaft erst nach größter Zurückhaltung aussuchen, sonst könnte leicht der Spruch zur Anwendung kommen: »Pack schlägt sich, Pack verträgt sich.«

Herz-Zehn, Kreuz-König, Herz-König
Bei einer Fragestellerin: Man verehrt Sie sehr, aber Sie wissen nicht, für wen Sie sich entscheiden sollen. Ist der Fragesteller ein verheirateter Mann, kann er sich freuen: Eine Amtsperson wird ihm eine gute Nachricht überbringen, die ein Problem von selber lösen wird. Sollte der Fragesteller Witwer sein, kann er durch Vermittlung eines guten Freundes jemanden kennenlernen, mit dem er vielleicht einen neuen Ehebund eingehen wird. Allgemein weist diese Kombination auf Freunde hin, die sich restlos für einen einsetzen, und deren Rat man auf jeden Fall befolgen sollte.

Pik-Zehn, Kreuz-As, Karo-Bube
So traurig ist die Nachricht gar nicht, die Sie erschreckt hat. Hinterher wird sich schon herausstellen, daß alles nur halb so schlimm ist.

Karo-Bube, Pik-Sieben, Pik-As
In Ihrer Familie entsteht einiger Wirbel darüber, daß Sie sich immer wieder einem Menschen anvertrauen, der Ihnen eigentlich schaden möchte. Steigen Sie ruhig von Ihrem hohen Roß herunter, und glauben Sie eher Ihren nächsten Angehörigen als einem sogenannten guten Freund.

Herz-König, Pik-Acht, Kreuz-Acht
Man sollte einen verheirateten Mann, dem man die Karten legt, darauf hinweisen, daß er grundlos eifersüchtig ist; die Sorgen, die er sich um die angebliche Treulosigkeit seiner Ehefrau macht, könnten auch noch durch andere Karten, die in der Nähe stehen, vertrieben werden. Eine verheiratete Fragestellerin macht sich Gedanken, daß ihr Mann es mit der Treue nicht allzu genau nimmt. Allgemein sorgt man sich um einen netten Menschen, der im Privatleben wohl nicht sehr glücklich ist.

Herz-Sieben, Pik-Neun, Kreuz-As
Ein falscher Freund möchte Ihr glückliches Familienleben stören; wenn Sie ihm glauben, wird sich vor Ihnen ein gefährlicher Abgrund auftun (Pik-Neun und Kreuz-As liegen verkehrt!).

Herz-As, Pik-Zehn, Kreuz-Dame
Sie müssen erst den Widerstand einer älteren Person – das kann auch eine nahe Verwandte sein – überwinden, um in der Fremde (Herz-As verkehrt!) Ihr Glück machen zu können. Auf jeden Fall will man Sie in der Heimat festbinden, was aber Ihrer Karriere schaden könnte. Eine Fragestellerin, die Witwe ist, kann durch einen Umzug oder durch einen anderen Freundeskreis nach längerer Zeit wieder Atem schöpfen und vergessen lernen, daß ihr das Schicksal doch übel mitspielte.

Karo-König, Pik-Bube, Herz-Sieben
Lassen Sie sich auf keinen Fall von sogenannten guten Freunden den häuslichen Frieden stören, sondern ziehen Sie sich lieber von ihnen zurück. Bei einem unverheirateten Mann zeigt es die Unsicherheit an, die er in einem Liebesverhältnis noch hat; wahrscheinlich ist er gegenüber einem Bekannten seiner Freundin recht mißtrauisch, obwohl er (Herz-Sieben!) eigentlich gar keinen Grund hat, seiner Freundin schlechtes Handeln zu unterstellen.

Karo-Zehn, Pik-Dame, Herz-Acht
Sollten Sie eine nicht allzu liebe Schwiegermutter haben, die hintenherum bei allen möglichen Leuten über Sie schimpft, so nehmen Sie ihr das nicht zu sehr krumm, denn Sie lassen ja auch manchmal kein gutes Haar an ihr (Herz-Acht verkehrt!). Allgemein deutet diese Kombination auf Klatschbasen hin, mit denen Sie nicht zu sehr ins Gericht gehen sollten, weil Sie eigentlich über den Dingen stehen müßten.

Kreuz-Bube, Pik-König, Karo-Sieben
Im Beruf werden Ihnen Kollegen sehr zusetzen, aber hüten Sie sich, mit ihnen zu streiten; das würde Ihre Position im Betrieb doch nur schwächen (Karo-Sieben verkehrt!). Möglicherweise haben Sie aber auch vor Gericht zwei gefährliche Kontrahenten, die sich jedoch zum Glück selber nicht grün sind.

Karo-Dame, Pik-As, Karo-Sieben
Sie sollten als Fragesteller ein Erlebnis nicht überbewerten, sondern sich lieber davor hüten, durcheinandergebracht zu werden. Einer unverheirateten Fragestellerin kann man Ärger vorhersagen, der sich in Wohlgefallen auflösen wird; jedenfalls wird die negative Wirkung von Pik-As von der sehr günstigen Aussage der Karo-Sieben nahezu völlig aufgehoben.

4 Könige, 4 Damen, 4 Buben

In der eben beschriebenen Weise können Sie nun auch mehr als 3 Karten zueinander in Verbindung bringen, also die Auslegeschemen, die wir im Kapitel »Zur Technik des Kartenlegens« beschrieben haben, richtig ausdeuten.
Bevor wir Ihnen dazu einige Beispiele geben, wollen wir noch erwähnen, daß einige Kartomanten etwas Besonderes im Zusammenliegen von mehreren Königen, Damen oder Buben sehen. Auch Sie können das in Ihre Deutung einbringen, wenn Sie wollen. Es bedeuten:
4 Könige: Eine besondere Auszeichnung kann der erwarten, dem man die Karten legt. Es kann aber auch nur eine Ansammlung von vielen Männern sein, die sich um eine Fragestellerin bemühen, weil diese ihnen sehr begehrenswert erscheint.
3 Könige: Hier sind meist drei streitbare Herren gemeint, die sich im positiven oder negativen Sinn für einen Fragesteller oder eine Fragestellerin interessieren. Man sollte die Bedeutung der einzelnen Königskarten nachlesen, um zu erfahren, wie sie miteinander harmonieren. Bei drei nebeneinanderliegenden Königen kann es sich auch um besondere Pläne oder Verabredungen handeln, die einen Fragesteller oder eine Fragestellerin beschäftigen.
4 Damen: Bei einer Fragestellerin kann das durchaus ein Kaffeekränzchen sein, bei dem so ziemlich alles durchgehechelt wird, was die Nachbarschaft oder der Beruf hergeben. Ein Fragesteller wird bei solcher Kartenauslage wohl als rechter Schwerenöter bezeichnet werden können, der mehrere Eisen im Feuer hat.
3 Damen: Hier könnte eine Freundschaft in die Brüche gehen, da sich nach einer weitverbreiteten Meinung nur zwei vertragen können, während die dritte eher der »Außenseiter« ist. Wer dieser ist, kann festgestellt werden, wenn man die Bedeutung der einzelnen Karten nachliest.

4 Buben: Die meisten Kartomanten sprechen in diesem Fall von einer lustigen Gesellschaft, die ein Fragesteller oder eine Fragestellerin erleben werden. Das könnte zum Beispiel auch ein Männerstammtisch sein, bei dem man etwas Besonderes erfährt, oder ein Verein, der einem sehr am Herzen liegt.
3 Buben: Hier trifft ähnliches zu, was wir unter 3 Damen geschrieben haben.
Diese Aufstellung können Sie zur Not auch gleich wieder vergessen und lieber treu und brav die einzelnen Karten und ihre Bedeutung zueinander kombinieren. Wir wollten damit nur zeigen, wie vielfältig man Karten deuten kann.

★

Und nun variieren und kombinieren Sie! Nur ein bißchen Phantasie müssen Sie haben, un: sich in die Lage des Fragestellers, der Fragestellerin oder auch in die eigene Lage hineindenken zu können. Einer Neunzigjährigen, der Sie die Karten legen, werden Sie ja kaum etwas über Sex und Liebe erzählen und einem vor Gesundheit strotzenden jungen Mann nicht mit dem Altersstreß und seinen Folgen kommen wollen.

Beispiel mit 32 Karten

Wir wollen nun mit Hilfe der Auslegeschemen im Kapitel »Zur Technik des Kartenlegens« einmal Beispiele bringen, wie der Kartenleger die für einen Fragesteller oder eine Fragestellerin ausgelegten Karten deutet. Auch hier werden wir die in den letzten drei Kapiteln beschriebene Aussagekraft der einzelnen Karten von Zweier- und Dreierkombinationen zu Rate ziehen.
Blättern Sie also immer wieder zurück, und kontrollieren Sie, wie in den Beispielen vorgegangen wurde. Auf diese Weise können Sie Ihr Wissen vertiefen und vielleicht bald schon ohne unsere erklärenden Hinweise auskommen.
In unserem ersten Beispiel haben wir die 32 Karten eines Skatspiels mit französischem Bild für eine 20jährige Werbeassistentin ausgelegt und beginnen – wie in unserem Kapitel »Zur Technik des Kartenlegens« beschrieben – mit der Deutung von Rechteck, Kreuz und Diagonalen, die jeweils von der Personenkarte – in diesem Fall Karo-Dame für eine noch unverheiratete Frau – ausgeht.

Die Deutung des Rechtecks

Karo-Bube, Karo-Dame, Herz-As (mittlere Waagerechte vom Betrachter aus gesehen): Die junge Dame, der wir die Karten legten, kommt aus gutem Hause und hat eine Anstellung gefunden, die sie recht glücklich macht und in der sie restlos aufgeht.
Herz-Sieben, Karo-Dame, Karo-Zehn (mittlere Senkrechte): Privat stimmt alles. Die Fragestellerin scheint der Familie aber einen jungen Mann noch nicht vorgestellt zu haben, den sie sehr mag. Dieser heimliche Liebhaber dürfte

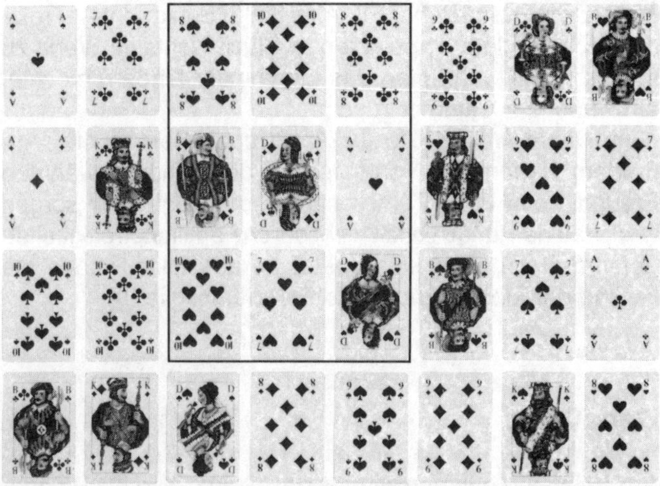

Die 32 Karten sind ausgelegt: Das Rechteck um die Personenkarte – in diesem Fall Karo-Dame für eine unverheiratete Fragestellerin – wird zuerst gedeutet.

aus vermögenden Kreisen stammen oder aber sich selbst schon ein Vermögen erarbeitet haben.

Herz-Zehn, Herz-Sieben, Herz-Dame (untere Waagerechte): Die junge Dame hat sich wohl schon einer guten Freundin anvertraut, die anscheinend dafür sorgt, daß sich die beiden Liebenden immer wieder heimlich treffen können.

Pik-Acht, Karo-Zehn, Kreuz-Acht (obere Waagerechte): In den nächsten Tagen, rieten wir der jungen Dame, sollten die beiden Liebesleute aber vorsichtig sein, da es sonst Ärger geben könnte. Vielleicht entdecken die Eltern die Heimlichkeiten, und es hagelt Vorwürfe.

Herz-Zehn, Karo-Bube, Pik-Acht (linke Senkrechte): Trotzdem scheint dem gemeinsamen Glück nichts im Wege zu stehen, auch wenn man das Liebespaar hindern möchte, allzu häufig zusammenzusein.
Herz-Dame, Herz-As, Kreuz-Acht (rechte Senkrechte): Außerdem haben die Verliebten in der schon erwähnten Freundin eine gute Fürsprecherin, die wohl dafür sorgen wird, daß das junge Glück nicht durch Familienstreitigkeiten gefährdet wird (wie sich später herausstellte, ist sie die Kusine der jungen Frau, also Familienmitglied!).

Das Kreuz

Anschließend nahmen wir uns das Kreuz, also die Waagerechte und die Senkrechte der Kartenauslage mit Schnittpunkt Personenkarte vor. Dabei wurde zunächst die Vergangenheit der Fragestellerin gestreift; das sind die 3 Karten, die vom Betrachter aus links von der Personenkarte liegen:
Karo-Dame, Karo-Bube, Kreuz-König, Karo-As: Aus dieser Verbindung ist klar zu erkennen, daß die junge Dame bisher ein besonders herzliches Verhältnis zu ihrem Vater hatte, der dafür sorgte, daß sie nie zu kurz kam.

Rechts neben der Personenkarte, vom Betrachter aus gesehen, können wir einiges auch über die Zukunft der Fragestellerin aussagen:
Karo-Dame, Herz-As, Herz-König, Herz-Neun, Karo-Sieben: Sie wird wohl in nächster Zeit das Versteckspiel vor den Angehörigen aufgeben und sich mit ihrem Herzensfreund für ganz zusammentun. Karo-Sieben weist nämlich auf eine glückliche Veränderung der Lebensumstände hin, die sogar auf eine baldige Kindstaufe (Herz-Neun verkehrt!) schließen lassen können.

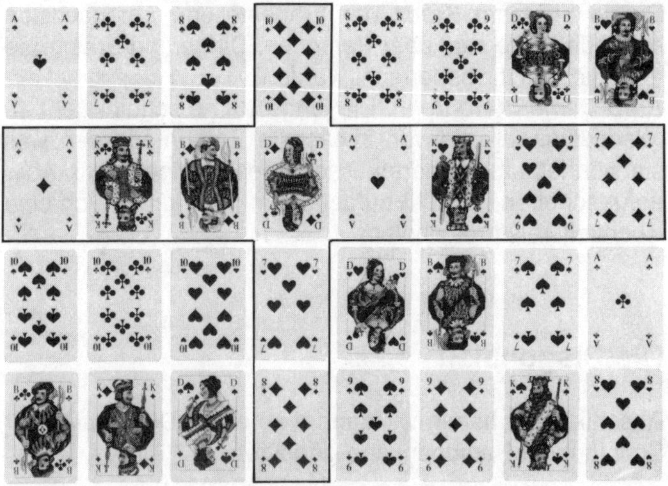

Zweiter Teil der Ausdeutung von 32 Karten, die für eine unverheiratete Frau ausgelegt sind: das Kreuz.

Die von der Fragestellerin am weitesten entfernten Karten der Senkrechten des Kreuzes (vom Betrachter aus gesehen unten) weisen, wie wir schon gelesen haben, auf Personen, Dinge und Ereignisse hin, von denen man beherrscht wird – also:

Karo-Dame, Herz-Sieben, Karo-Acht: Natürlich brauchen wir die liebevolle Zuneigung der Fragestellerin nicht zu bezweifeln, aber sie scheint doch sehr an ihrem Beruf zu hängen, der sie manchmal außer der Familie auch den Liebsten vergessen läßt. Und das könnte sie leicht in Streßsituationen bringen.

Die in unserem Kreuz der Fragestellerin am nächsten liegende Karte sagt über Personen, Dinge und Ereignisse aus, die von ihr beherrscht werden:
Karo-Dame, Karo-Zehn: Die junge Dame scheint gern zu reisen. Das wird sie wohl in nächster Zeit unterlassen, weil sie sich jetzt mit anderen Dingen beschäftigen muß. Aber aufgeschoben ist nicht aufgehoben: Man kann auch eine Hochzeitsreise nachholen.

Die Diagonalen

Abschließend haben wir dann die beiden Diagonalen mit Schnittpunkt Personenkarte gedeutet:

Karo-König, Herz-Zehn, Karo-Dame, Kreuz-Acht (die Diagonale von links nach rechts oben vom Betrachter aus gesehen): Auch hier weist alles auf die kurz bevorstehende Vermählung (Herz-Zehn!) mit einem jungen Mann (Karo-König) hin. Kreuz-Acht freilich läßt den Schluß zu, daß nach dem Wonnemond schneller als gedacht der graue Ehealltag einziehen könnte. Kreuz-Acht kann aber auch bedeuten, daß man sich in der Ehe erst zusammenraufen muß, wenn sie ein Leben lang halten soll. Fest steht jedoch, daß sich die junge Dame einen recht stürmischen Liebhaber zum Ehemann auserkoren hat.

Karo-Neun, Herz-Dame, Karo-Dame, Pik-Acht (die Diagonale von rechts unten nach links oben vom Betrachter aus gesehen): In dieser Diagonalen wird wieder die gute Freundin ins Spiel gebracht, die der Fragestellerin auch in der Ehe helfend zur Seite stehen und in gewissen Fällen vermittelnd eingreifen wird. Vielleicht betreut sie das Kind der jungen Eheleute, wenn diese einmal ins Theater oder auf eine Party wollen. Jedenfalls sagt das Karo-Neun aus. Pik-Acht

Dritter Schritt des Wahrsagens mit 32 Karten: Die Diagonalen von links unten nach rechts oben beziehungsweise von rechts unten nach links oben werden gedeutet.

deutet darauf hin, daß sich die Freundin auch Sorgen um die Fragestellerin macht, der möglicherweise die Doppelbelastung als Hausfrau und Berufstätige – sie geht ja in ihrem Beruf auf, wie wir gesehen haben – gesundheitlich schaden könnte.

Ergänzende Deutungen

Zur Ergänzung der bisherigen Ausdeutung können wir nun die Karten rechts von der Personenkarte Karo-Dame (wieder vom Betrachter aus gesehen) noch einmal ins Visier

nehmen, sie in Beziehung setzen zu den beiden darunterstehenden Kartenreihen, bei der über der Personenkarte liegenden Reihe fortfahren, um schließlich in der 2. Reihe wieder auf die Personenkarte zu stoßen.
Die vom Betrachter aus gesehenen Karten rechts von Karo-Dame haben wir bereits gedeutet. Wir sagten, daß sich die junge Frau, der wir die Karten legten, mit ihrem Freund zusammentun und möglicherweise bald ein Kind bekommen würde.
Karo-Sieben als letzte Karte der 2. Reihe in Verbindung mit Pik-Zehn, der 1. Karte der 3. Reihe, bestätigt diese einschneidende Veränderung im Leben der Fragestellerin. Pik-Zehn mit Kreuz-Zehn läßt erwähnen, daß sie auf jeden Fall aus dem Elternhaus ausziehen wird – eine Veränderung, die wiederum von Herz-Zehn nachdrücklich bestätigt wird.
Von der Freundin der Fragestellerin sprachen wir bereits. Sie ist sehr hilfreich, jedoch sollte sich die junge Dame, der wir die Karten legten, vor einem allzu engen Umgang mit ihr auf Dauer hüten. Pik-Bube und Pik-Sieben sagen nämlich Streit voraus, der sich wohl um den Ehemann der Fragestellerin dreht, mit dem sich die Freundin anscheinend prächtig versteht. Aber Kreuz-As schwächt diese Erkenntnis wieder ab: Man sollte so etwas nicht überbewerten!
Dem jungen Ehepaar wird es ganz gut gehen (Kreuz-Bube mit Karo-König), auch wenn es sich nicht allzu gut mit der Nachbarschaft versteht (Pik-Dame mit Karo-Acht). Natürlich sollte es da jedem Risiko aus dem Weg gehen (Karo-Acht, Pik-Neun verkehrt, Karo-Neun) und sich mit niemandem anlegen, der nur Streit sucht (Pik-König, Herz-Acht). Herz-Acht verkehrt bringen wir nun in Verbindung mit Pik-As verkehrt in der 1. Reihe der Kartenauslage und stellen fest, daß sich die junge Dame nicht zu ärgern braucht, auch wenn ihr die Verhältnisse zu ihrer Umwelt zunächst einigen Kummer machen sollten. Das Zusammenleben ist sowieso eine Art Glücksspiel (Karo-Zehn, Kreuz-Acht), was sollen

da die Sorgen (Kreuz-Neun verkehrt)?! Wenn schon eine Nachbarin falsch spielt (Kreuz-Neun, Kreuz-Dame), wird die Fragestellerin bald Rückendeckung von einem befreundeten Ehepaar (Kreuz-Dame, Herz-Bube) erhalten. Und bald wird der heimliche Wunsch (Herz-Bube, Karo-As) in Erfüllung gehen, daß sich alles so nach und nach in Wohlgefallen auflösen wird und die Kontrahenten (Kreuz-König, Karo-Bube) endlich Ruhe geben werden.
An dieser ergänzenden Deutung der Kartenauslage sehen wir, daß man als Kartenleger stets die Geschichte in Fluß halten muß. War zum Beispiel im Kreuz der Auslage Kreuz-König noch der Vater der jungen Dame, der mit ihr in der Vergangenheit ein besonders herzliches Verhältnis hatte, ist es bei dem ergänzenden Deutungsversuch der böse Nachbar, der endlich Ruhe geben soll.
Wir sagten ja schon: Kombinieren ist beim Wahrsagen aus Karten alles. Man sollte eine Geschichte erzählen, die sich mühelos aneinanderreiht und trotzdem die eigentliche Aussage der einzelnen Karten nicht verleugnet.

Wie man Karten deckt

Nun könnte man noch weitergehen und zum Beispiel die Karten der letzten Reihe mischen und damit die 8 am wichtigsten erscheinenden Karten der 3 ersten Reihen decken. In der Kartenauslage der jungen Dame wären das etwa Karo-Dame (sie selbst), Herz-König (ihr künftiger Ehemann), Herz-Neun verkehrt (der Nachwuchs, der zu erwarten steht), Kreuz-König (ihr Vater), Kreuz-Dame (beim Decken kann man sie als ihre Mutter ansehen), Herz-Dame (ihre Freundin), Herz-Zehn (als Hochzeitskarte) und Karo-Zehn (hier die Berufskarte).
Es ergeben sich dann Kartenpärchen, deren Bedeutung leicht im Kapitel »Zweierkombinationen« nachzuschlagen

ist, wobei wir vielleicht in der von uns gewählten Reihenfolge von Karo-Dame bis Karo-Zehn vorgehen sollten.
Wir könnten auch die 1. Karte (Pik-As) mit der letzten (Herz-Acht), die 2. (Kreuz-Sieben) mit der vorletzten (Pik-König) und so weiter decken. Auch hier ergeben sich Zweierkombinationen, die man nachlesen kann und die weiteren Aufschluß über die Fragestellerin geben könnten.
Möglicherweise mischen wir schließlich alle 32 Karten noch einmal, legen 16 Karten aus und decken sie mit den 16 übrigen. Auch hier wären Zweierkombinationen zu deuten und miteinander in Übereinstimmung zu bringen.
Mit solchen Handlungen rundet der Kartenleger das Zukunftsbild ab. Die Deutung von Rechteck, Kreuz und Diagonalen bleibt aber immer die Hauptgeschichte, um die sich im weiteren Verlauf andere Geschichten ranken können.

Beispiele: Legen mit beschränkter Kartenzahl

Manchmal kann man auch mit beschränkter Kartenzahl erstaunliche Ergebnisse beim Wahrsagen erreichen. Das Einfachste ist dabei das Kreuz, das wir neben dem großen Stern und dem Zigeuner-Schachbrett mit Auslegeschemen schon vorstellten. Hier nun soll Ihnen jeweils ein Beispiel zeigen, wie es gemacht wird.

Das Kreuz

Es ähnelt dem Kreuz, das wir im vorigen Kapitel kennenlernten. Das Auslegemuster wurde für eine 58jährige Frau erstellt, deren Mann gerade erst verstorben war. Die inneren Karten mußten dabei zunächst in Beziehung zur Personenkarte gebracht werden, die diesmal Kreuz-Dame ist, weil die Fragestellerin eine Witwe ist:
Herz-Sieben, Kreuz-Dame, Pik-Bube (das ist die innere Waagerechte): Die Witwe hat nach dem Tod ihres Mannes schwer zu kämpfen (Herz-Sieben verkehrt!). Wir mußten ihr jedenfalls eine schwere Zeit ankünden. Sie müsse wahrscheinlich um ihr Recht über kurz oder lang streiten, wobei ihr unaufrichtige Leute immer wieder Knüppel zwischen die Beine werfen würden. (Tatsächlich hatte sie gerade erst erfahren, daß mißgünstige Verwandte gegen sie einen Erbschaftsprozeß angestrengt hatten.)
Herz-Acht, Karo-Dame, Karo-Zehn (die innere Senkrechte): Wir konnten sie trösten, daß der Prozeß, von dem sie uns erzählte, erfolgreich für sie verlaufen werde. Darauf deutete Herz-Acht hin, die das Herannahen eines guten

Das Kreuz wurde für eine Witwe ausgelegt, für die Kreuz-Dame als Personenkarte genommen wurde.

Ereignisses ankündigt. Karo-Zehn (die Vermögenskarte) bestätigt, daß die Witwe mit großer Zähigkeit und nach hartem Einsatz einen Geldgewinn erzielen werde.

Nach den inneren 4 Karten kommen die äußeren in ihrer Beziehung zur Personenkarte an die Reihe. Sie schildern, was im ferneren Verlauf geschehen wird:
Pik-König, Kreuz-Dame, Karo-As (die äußeren Karten der Waagerechten in ihrer Beziehung zur Personenkarte): Ein

älterer Herr wird das schmutzige Spiel beenden, das man mit der Witwe treiben wollte. Sie wird durch einen Zufall mit ihm bekannt werden, was die zwischen Karo-Dame und Pik-König liegende Herz-Sieben aussagt, während Pik-Bube zwischen Karo-Dame und Karo-As auf die nicht sehr feinen Mittel hinweist, mit der man die Witwe um ihr Geld bringen will.

Kreuz-Zehn, Karo-Dame, Kreuz-Bube (die äußeren Karten der Senkrechten in ihrer Beziehung zur Personenkarte): Auf jeden Fall wird sich unsere Fragestellerin noch gehörig ärgern (Kreuz-Zehn!), bis endlich ein Urteil zu ihren Gunsten gefällt wird (Kreuz-Bube als amtlicher Glücksbote). Auch Karo-Zehn in Verbindung mit Kreuz-Bube sagt deutlich aus, daß ihre Rechnung aufgehen wird. Die Verbindung Herz-Acht und Kreuz-Zehn läßt darauf schließen, daß die Witwe einem bisher Fremden zu Dank verpflichtet sein wird, der mit seinem Einsatz letztendlich dafür sorgen wird, daß alles gut für sie verläuft.

Der große Stern

Die beliebte Auslegefigur vieler Kartomanten ist gar nicht so schwer zu deuten, wie es das im Kapitel »Zur Technik des Kartenlegens« gezeigte Schema zunächst glauben machen will. Sie brauchen nur immer die in den 3 Kreisen jeweils gegenüberliegenden Karten in Verbindung mit der Personenkarte zu bringen und auszudeuten, wobei Sie am besten in der Reihenfolge unseres Schemas vorgehen sollten. Die unter der Personenkarte liegende Karte sagt übrigens über die augenblickliche Situation des Fragestellers oder der Fragestellerin aus, während der innere Kreis das schildert, was in den nächsten Tagen schon eintreffen kann. Der mittlere Ring sagt über die nächste, der äußere über die fernere Zukunft aus.

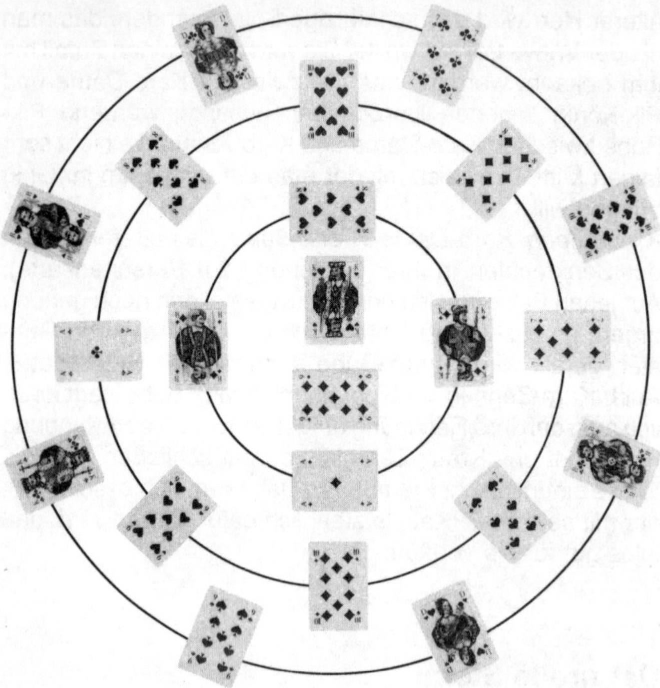

Einem Ehemann wurde der große Stern gelegt. Seine Personenkarte ist Herz-König.

Wir legten einem 38jährigen leitenden Angestellten die Karten zum großen Stern. Er ist verheiratet, weshalb wir Herz-König als Personenkarte wählten. Und nun schauen Sie sich zunächst einmal die unter Herz-König liegende ganz persönliche Karte des Fragestellers an:
Karo-Neun sagt aus, daß der Herr zur Zeit im Beruf großen Erfolg hat, der sich auch auf den Geldbeutel auswirkt.

Jedenfalls hat er wahrscheinlich gerade eine Gehaltserhöhung erhalten oder ist auf einem anderen Weg zu Geld gekommen.

Nun betrachten wir die Karten des inneren Ringes und kombinieren zunächst die der Senkrechten mit der Personenkarte, wobei die querliegende Herz-Acht, da die Karten im Uhrzeigersinn gelesen werden, richtig liegt. Bei den Karten der übrigen Kreise ist richtig oder verkehrt leicht zu ersehen: Der jeweils untere Kartenrand liegt zur Personenkarte hin.
Karo-As, Herz-König, Herz-Acht (Nummer 1 und 2 des im Kapitel »Zur Technik des Kartenlegens« gezeigten Schemas): Der Angestellte, dem wir die Karten legten, hat auch weiterhin eine glückliche Hand für finanzielle Transaktionen, aber er scheint manchmal ein wenig leichtsinnig zu sein, was Karo-As andeuten mag. Trotzdem hat er wohl in den nächsten Tagen nichts zu befürchten.

Anschließend deuten wir die Karten 3 und 4 des erwähnten Schemas:
Karo-Bube, Herz-König, Karo-König: Der Fragesteller hat zweifellos Gönner, die ihn schon sehr bald fördern werden. Jedenfalls kann er hoffen, beruflich schnell voranzukommen.

Nun ist der mittlere Ring an der Reihe, der über die nächste Zukunft aussagen soll, wobei wir die Reihenfolge nehmen, die in dem bereits erwähnten Auslegeschema vom großen Stern vorgeschrieben wurde:
Karo-Acht, Herz-König, Herz-Neun (Nr. 5 und 6): Karo-Acht deutet auf eine positive Veränderung im Beruf hin, aber auch auf ein kleines Geschenk, das der Fragesteller vielleicht seiner Frau macht, weil sie den Rastlosen nur selten

daheim sieht. Herz-Neun verspricht Glück in der Liebe, aber bis dahin ist noch nicht ausgesagt, ob er es bei der eigenen Frau finden wird. Fest steht nur, wenn man beide Karten zusammen betrachtet, daß der 38jährige sehr geliebt wird.

Pik-Acht, Herz-König, Pik-Sieben (Nr. 7 und 8): Durch die viele Arbeit, die sich der Fragesteller auch in nächster Zukunft auflädt, wird er wohl schnell in Streßsituationen gelangen, die sogar eine Krankheit zur Folge haben werden (Pik-Acht), wobei er aber zärtlich und aufopferungsvoll gepflegt werden wird (Pik-Sieben).

Herz-Zehn, Herz-König, Karo-Zehn (Nr. 9 und 10): Trotz der Krankheit wird der Wohlstand seiner Familie gesichert sein. Überdies hat er großes Glück in der Ehe (Herz-Zehn), das wohl durch die liebevolle Betreuung noch wachsen wird, die ihm seine Frau während seiner Krankheit zukommen ließ. Vielleicht nimmt er sie deshalb auf einen Kuraufenthalt mit – Karo-Zehn verspricht ja nicht nur Reichtum, sondern in speziellen Fällen auch eine erlebnisreiche Reise, die hier wohl besser ins Bild paßt.

Kreuz-As, Herz-König, Karo-Sieben (Nr. 11 und 12): Anscheinend wird der Fragesteller nicht vernünftig. Sobald er an seine Arbeit denkt, packt ihn eine innere Unruhe (Karo-Sieben verkehrt), noch mehr zu erreichen. Vielleicht macht er sich selbständig, wenn er genügend Geld beisammen hat (Kreuz-As). Auf jeden Fall geht das unruhige Leben weiter ...

Mal sehen, ob der Herr später vernünftiger wird. Dazu deuten wir den äußeren Ring des großen Sterns:

Kreuz-Sieben, Herz-König, Pik-Neun (Nr. 13 und 14): Irgendwie muß sich der Fragesteller in späteren Jahren von etwas Liebgewordenem trennen (Kreuz-Sieben verkehrt), vielleicht ist ihm die Arbeit zu schwer geworden (Pik-Neun). Aber die Lehren daraus ziehen kann er wohl auch dann

noch nicht, obwohl er allein durch den ständigen Streß krankheitsanfälliger ist als andere.
Herz-Bube, Herz-König, Kreuz-Bube (Nr. 15 und 16): Und auf einmal sitzt er – das kann man unter unseren Zweierkombinationen nachlesen – zwischen zwei Stühlen. Aber es ist durchaus Hilfe in Sicht (Herz-Bube). Er scheint bekehrt zu werden, daß weniger mehr ist als ein Zuviel. Er wollte zwar das Gute, aber nun sieht es so aus, als ob er das Böse ernten müsse (Kreuz-Bube).
Pik-Zehn, Herz-König, Kreuz-König (Nr. 17 und 18): Jedenfalls kommt es wahrscheinlich nach einigen Jahren zu Rückschlägen im Beruf. Irgendwie sieht es nach einer Veränderung aus (Pik-Zehn). Trotzdem kann der Fragesteller das Dilemma überwinden, wenn er auf den Rat eines wohlmeinenden Mannes – des Arztes? – hört (Kreuz-König).
Kreuz-Dame, Herz-König, Herz-Dame (Nr. 19 und 20): Jedenfalls steht ihm wieder die eigene Frau hilfreich zur Seite (Herz-Dame). Auf sie kann er sich verlassen – darauf deutet auch Kreuz-Dame hin, die in diesem Fall wohl für das eigene Gewissen steht, das endlich zu begreifen scheint, daß Hasten und Jagen nichts nutzt, wenn man dabei das Leben in der Familie nur sporadisch genießt.

Wie man sieht, warnen hier die Karten einen arbeitsbesessenen Mann vor den Folgen, die er heute noch nicht bedenkt. Das sagten wir auch dem 38jährigen, der sich sehr nachdenklich von uns verabschiedete.

Beispiel für das Zigeuner-Schachbrett

Abschließend wollen wir nun ein Beispiel für die Auslegung des Zigeuner-Schachbretts bringen, dessen Schema am

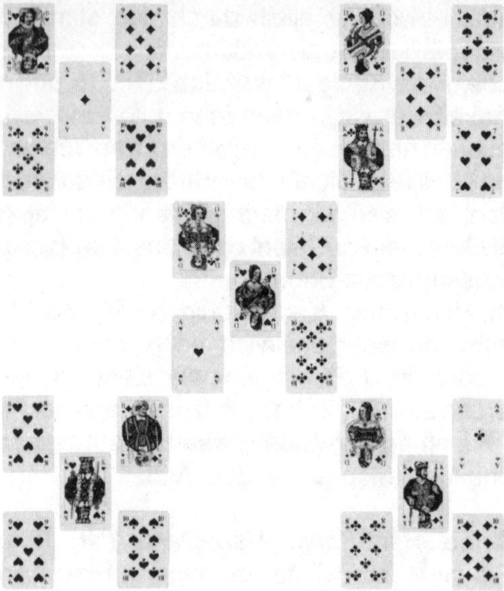

Herz-Dame ist in dieser Auslage des Zigeuner-Schachbretts die Personenkarte für eine junge Hausfrau.

Schluß des Kapitels »Zur Technik des Kartenlegens« zu finden ist. Wir legen fünfmal 5 Karten aus, wie es unsere Abbildung zeigt. Ins Zentrum der mittleren Kartengruppe legen wir die Personenkarte.
Diesmal haben wir einer 33jährigen Hausfrau die Karten gelegt, die seit 3 Jahren verheiratet ist. Als Personenkarte dieser Ehefrau nahmen wir Herz-Dame.

Das ganz Persönliche

Schauen wir uns die mittlere Gruppe zuerst an, die über die ganz persönlichen Dinge aussagt, die der Fragestellerin zur

Zeit besonders am Herzen liegen. Dabei nehmen wir uns zunächst die Diagonale von links unten nach rechts oben vor und dann die von rechts unten nach links oben, anschließend werden die unteren beiden Karten und dann die oberen beiden zueinander gedeutet (diese Reihenfolge bleibt bei den übrigen 4 Gruppen stets dieselbe!).

Herz-As, Herz-Dame, Karo-Sieben: Die Fragestellerin lebt in geordneten Verhältnissen (Herz-As), aber so ganz zufrieden scheint sie nicht zu sein (Karo-Sieben verkehrt).

Kreuz-Zehn, Herz-Dame, Kreuz-Dame: Sie möchte einfach mal raus aus den eigenen vier Wänden (Kreuz-Zehn) und zieht anscheinend eine ältere Dame ins Vertrauen (Kreuz-Dame kann möglicherweise ihre Mutter, aber auch ihre Schwägerin oder eine gute Bekannte sein).

Herz-As, Kreuz-Zehn: Wahrscheinlich sprechen die beiden über den Urlaub oder eine andere Art des Tapetenwechsels. Auf jeden Fall ist die Fragestellerin mit dem alltäglichen Einerlei unzufrieden.

Kreuz-Dame, Karo-Sieben: Fest steht, daß die Dame, der sie sich anvertraut, recht anspruchsvolle Ideen hat, die sicher ein Loch in die Familienkasse reißen würden.

Was ist mit der Fragestellerin los?

Diese Frage soll durch die Kartengruppe links oben beantwortet werden: Zentrale Karte ist Karo-As, die aber bei dieser Fragestellung nur im Zusammenhang mit den anderen Karten zu deuten ist.

Kreuz-Neun, Karo-As, Karo-Neun: Irgendwie ist sie mit dem Leben als Hausfrau nicht zufrieden (Kreuz-Neun verkehrt), sie denkt jedenfalls des öfteren daran, wieder in den erlernten Beruf zurückzukehren (Karo-Neun). Mit anderen Worten: Wenn sie trüben Gedanken nachhängt, möchte sie ihrem Gatten den Krempel am liebsten vor die Füße werfen.

Herz-Zehn, Karo-As, Herz-Bube: Trotzdem: Sie lebt in einer glücklichen Ehe. Und deshalb wird sie auch die trüben Gedanken immer wieder verscheuchen, zumal der Mann ihr jeden Wunsch (Herz-Bube!) von den Augen abliest.

Kreuz-Neun, Herz-Zehn: Sie weiß überdies, daß ihr Problem in nächster Zeit kaum zu lösen sein wird.

Herz-Bube, Karo-Neun: Diese beiden Karten könnten den Wunsch der Fragestellerin nach einem Kind ausdrücken. Wie wir im Laufe des Kartenlegens später erfuhren, blieb die Ehe bisher kinderlos.

Hängt sie am Hausfrauenberuf?

Die Kartengruppe rechts oben fragt nach den Aussichten im Beruf. Und Hausfrau ist eine Tätigkeit, die leider von vielen Menschen nicht als Beruf im eigentlichen Sinn bezeichnet wird, da man ja als Hausfrau kein Geld verdient. In unserer Auslage ist Karo-Acht die zentrale Karte, die möglicherweise eine baldige Veränderung im Beruf und damit die Wunscherfüllung der Fragestellerin ankündigt.

Kreuz-König, Karo-Acht, Pik-Neun: Sie bekommt einen starken Bundesgenossen. Vielleicht ist es ihr früherer Chef, der mit ihrer Nachfolgerin nicht so zufrieden ist. Aber sie weiß, daß das Zurückgehen in die Stellung, die sie vor der Ehe hatte, ein Risiko bedeutet (Pik-Neun verkehrt!).

Herz-Sieben, Karo-Acht, Pik-Dame: Überdies würde wohl der Haussegen schief hängen, wenn sie die anscheinend ungeliebte Hausfrauenarbeit nur noch neben einem „richtigen“ Beruf betreiben würde. Ums liebe Geld wird es der Fragestellerin freilich kaum gehen, auch wenn Pik-Dame und Karo-Acht das auszusagen scheinen. Oder will sie in Gelddingen nicht mehr so abhängig vom Gatten sein?

Kreuz-König, Herz-Sieben: Wahrscheinlich kommt der frühere Chef öfter mal auf Besuch, denn wie sonst sollte man diese Verbindung auslegen?

Pik-Dame, Pik-Neun: Allem Anschein nach ist eine Dame (Nachbarin?) der Wunschvorstellung unserer Fragestellerin auf die Schliche gekommen und wird's dem Ehemann irgendwann stecken, wie seine Frau über die Fürsorge für den Herrn Gemahl denkt.

Die nahe Zukunft der Fragestellerin

Sie wird von der Kartengruppe links unten dargestellt. Zentrale Karte ist Herz-König, also der Ehemann unserer Fragestellerin.

Herz-Neun, Herz-König, Karo-Bube: Veilleicht macht sich unsere Hausfrau ganz andere Vorstellungen von ihrem Mann, der – wie diese 3 Karten zu beweisen scheinen – ihr jeden Wunsch von den Augen ablesen will, also durchaus auch in naher Zukunft bereit wäre, den Berufswünschen seiner Frau nachzugeben.

Pik-Zehn, Herz-König, Herz-Acht: Eventuell denkt der Ehemann auch an Familienzuwachs, auf den Herz-Acht hinweisen könnte. Dann wäre ja das augenblickliche Problem unserer Fragestellerin gegenstandslos geworden. Jedenfalls am Geld wird es nie liegen, denn der gute Mann wird schon bald eine ganze Menge mehr verdienen (Zweierkombination Herz-König mit Pik-Zehn bei einer Fragestellerin!).

Herz-Neun, Pik-Zehn: So scheint bald alles gut zu verlaufen, auch wenn einige Wunschvorstellungen abgebaut werden müssen, weil sich die Umstände schnell geändert haben.

Herz-Acht, Karo-Bube: Das erfreuliche Wiedersehen mit einem alten Bekannten in den eigenen vier Wänden können wir in diesem Fall wohl eher das Eintreffen eines sogenannten freudigen Ereignisses nennen.

Die fernere Zukunft der Fragestellerin

Die Kartengruppe rechts unten sagt darüber aus, wobei Karo-König die zentrale Karte bildet. Es handelt sich dabei wohl um den Freund unseres Ehepaares, wahrscheinlich um einen Verwandten der Fragestellerin.

Kreuz-Acht, Karo-König, Kreuz-As: Gerade die Fragestellerin muß an diesem Mann hängen, denn sie macht sich in einigen Jahren Sorgen um ihn (Kreuz-Acht). Wahrscheinlich wird er schwer krank (Kreuz-As verkehrt).

Karo-Zehn, Karo-König, Karo-Dame: Dieser Freund oder Verwandte will die Fragestellerin in seinem Testament bedenken. Und das macht wohl seine Frau eifersüchtig.

Kreuz-Acht, Karo-Zehn: Jedenfalls deutet Kreuz-Acht auf eine Amtshandlung hin, bei der durch Karo-Zehn finanzieller Zugewinn versprochen wird.

Karo-Dame, Kreuz-As: Und wenn es wirklich dazu kommen würde, hätte die Fragestellerin eine unerbittliche Feindin bekommen.

Wahrsagen mit 52 Karten

Früher wurde zum Wahrsagen mit Karten meist ein Bridgespiel herangezogen. Es hat 52 Blatt, außer den 32 Karten des Skatspiels bei jeder Farbe noch die Nummern 2–6. Von dieser Methode ist man weitgehend abgekommen. Und sicher genügen dem Kartomanten die Skatkarten völlig, um ein abgerundetes Bild von einer Fragestellerin oder einem Fragesteller zu bekommen.
Trotzdem wollen wir hier die Bedeutung der 20 Karten von 2 bis 6 nennen, um unseren Lesern ein möglichst umfassendes Anschauungsmaterial an die Hand zu geben:

Karo-Zwei Man erlangt eine gewisse Unabhängigkeit. Ob diese finanziell oder rein beruflich zu deuten ist, ergeben die Nachbarkarten. Hier wird manchmal auch der Wille, frei von widrigen Zwängen zu sein, geschildert.
Karo-Drei Geld kommt ein. Es handelt sich aber meist um einen kleinen Betrag, der oft das Loch in der eigenen Kasse nicht stopfen kann. Deshalb kann im umschriebenen Sinn auch von einer kleinen Enttäuschung die Rede sein.
Karo-Vier Man läßt sich von einem Gerücht täuschen, wird also gewissermaßen hereingelegt. Oft steht diese Karte auch für einen Menschen, der gern die anderen auf den Arm nimmt.
Karo-Fünf Man wird freudig überrascht. Das kann ein Besuch sein, der plötzlich hereinschneit, oder ein Brief, dessen Inhalt Freude macht.
Karo-Sechs Allerhand Geld wechselt seinen Besitzer. Möglicherweise ist es eine Erbschaft, die dem Fragesteller oder der Fragestellerin zufällt. Es kann sich auch um sauer verdientes Geld handeln, um den gerechten Lohn für eine harte Arbeit.

Herz-Zwei Man wird sich durchbeißen, zumal man einige gute Ideen auf Lager hat, die viele Freunde finden werden. Nach kurzer Zeit können berufliche oder private Pläne durchgesetzt werden, wenn man sich mit ganzer Kraft dafür einsetzt.

Herz-Drei *Richtig* (die meisten Herzspitzen zeigen nach unten): Von Schmuck wird hier gesprochen, der den eigenen Wert erhöht. Das kann ein einfacher Goldring sein, der einen Zweibund beschließt, aber auch eine angesehene Person, in deren Glanz man sich sonnt.

Verkehrt: Man wird von einem Menschen enttäuscht, von dem man sich viel versprach.

Herz-Vier Ein einschneidendes Liebeserlebnis steht hier an. Vielleicht sind es die Flitterwochen, die der Hochzeit folgen.

Herz-Fünf *Richtig:* Bei einem überraschenden Besuch stellt sich heraus, daß man mit seiner Meinung über einen bestimmten Menschen richtig lag. Ob diese Meinung positiv oder negativ zu deuten ist, werden Nachbarkarten ergeben.

Verkehrt: Ein Ihnen bisher Fremder zwingt Ihnen seine Meinung auf. Sie geraten also gewissermaßen in Abhängigkeit.

Herz-Sechs *Richtig:* Freunde in der Not, die auch dann noch helfen, wenn man ihnen selbst vielleicht einmal Hilfe versagte. Die Karte umschreibt auch selbstlose Liebe.

Verkehrt: Man sollte einem sogenannten Freund mißtrauisch begegnen, auch wenn er noch so freundlich tut.

Kreuz-Zwei Man fühlt sich allein gelassen, und die Einsamkeit stimmt traurig. Möglicherweise steht man auch mit seiner Meinung allein da oder muß sich wider besseres Wissen mit Leuten arrangieren, die einem zuwider sind.

Kreuz-Drei *Richtig* (die meisten Kreuzstiele zeigen nach unten): Es gibt Streit, bei dem Sie sofort einlenken sollten, weil Sie sich sonst über sich selbst ärgern könnten.

Verkehrt: Hier wird die eigene Sturheit umschrieben, das Nichtnachgebenwollen.

Kreuz-Vier Irgend etwas bedrückt Sie. Das kann die Enge der Wohnverhältnisse sein oder die Engstirnigkeit Ihrer Umgebung. Möglicherweise wird man auch in die Enge getrieben.

Kreuz-Fünf *Richtig:* Sie haben Glück im Unglück, sollten jedoch beim nächsten Male besser aufpassen.

Verkehrt: Sie stolpern in eine Situation, aus der es wohl nur einen Ausweg gibt, wenn Nachbarkarten Günstiges aussagen.

Kreuz-Sechs *Richtig:* Nach einigem Hin und Her wird eine Einigung erzielt. Das kann ein Vertrag sein, der noch einmal überarbeitet wurde – ob zu Ihren Gunsten, das ist aus Nachbarkarten zu deuten.

Verkehrt: Halten Sie sich lieber ein wenig zurück, wenn es sich um eine endgültige Entscheidung drehen sollte. Vorsicht ist da die Mutter der Porzellankiste.

Pik-Zwei Sie unternehmen große Anstrengungen, zum Ziel zu gelangen. Aber es wird immer wieder ein neues Hindernis vor Ihnen aufgebaut. Andere Version: Man gelangt nur im Schneckentempo zum Erfolg.

Pik-Drei *Richtig* (die meisten Pikspitzen zeigen nach oben): Sie erlangen Einfluß auf einem Gebiet, das Ihnen früher fremd war. Ob Ihr Wissen dabei ausreichen wird, ist aus den Nachbarkarten zu deuten.

Vekehrt: Man wirft Ihnen Unwissenheit vor, und das kränkt Sie.

Pik-Vier Machen Sie ruhig eine kleine Reise, die Sie auf andere Gedanken bringen wird.

Oder: Beschäftigen Sie sich nur noch kurze Zeit mit einem Problem, und geben Sie auf, wenn Sie sehen, daß Sie so nicht weiterkommen.

Pik-Fünf *Richtig:* Es wäre wohl die rechte Zeit, sich zu erholen. Irgendwie sehnen Sie sich nach einer Abwechslung vom alltäglichen Einerlei.

Verkehrt: Ihre Urlaubspläne scheitern wohl.

Oder: Sie sollten sich in absehbarer Zeit nicht verändern wollen.
Pik-Sechs *Richtig:* Sie müssen schon noch etwas zuwarten, bis das ersehnte Ziel erreicht wird. Pik-Sechs steht auch für räumliche Entfernung.
Verkehrt: Langes Warten wird Sie mürbe machen.

Soweit die Erklärung, was die einzelnen Karten bedeuten. Als Deutungsschemen können Sie alle Systeme nehmen, die wir im Kapitel »Zur Technik des Kartenlegens« beschrieben. Sollten Sie aber alle 52 Karten auslegen wollen, können Sie mit dem nachstehenden Schema sicher erfolgreich arbeiten.

Das Sieben-mal-sieben-System

Wir mischen die Karten und lassen sie vom Fragesteller oder von der Fragestellerin in der bekannten Art abheben. Die obersten 3 Karten drehen wir um und deuten sie zunächst, um ein ungefähres Bild von dem oder der Fragenden zu erlangen; dabei steht die mittlere Karte für die Gegenwart, die beim Abheben vom Fragesteller oder von der Fragestellerin am weitesten entfernte für die Zukunft, die nächste für die Vergangenheit.
Wir legen diese 3 Karten von rechts nach links über die Gesamtauslage, wobei rechts die Vergangenheits-, daneben die Gegenwarts- und links die Zukunftskarte zu liegen kommt.
Nun legen wir jeweils von rechts nach links 7 Reihen zu je 7 Karten auf.

- Die 1. Reihe schildert die Persönlichkeit des oder der Fragenden, ihre Haltung gegenüber der Umwelt, aber auch die kleinen Fehler, mit denen man zu leben hat.
- In der 2. Reihe kommt die eigene Familie zu Wort, wie man mit ihr umgeht und wie man sich mit ihr versteht.

Mit 52 Karten wird das Sieben-mal-Sieben-System ausgelegt.

- Die 3. Reihe berichtet von den Erwartungen, die der Fragesteller oder die Fragestellerin an das Leben stellt.
- Was man nicht erwartet, steht in der 4. Reihe. Ob es dann doch eintrifft, wird die 7. Reihe erst aussagen.

- In der 5. Reihe wird gesagt, was einen gegenwärtig oder doch in allernächster Zeit überraschen dürfte, auf das man eigentlich nicht gefaßt war. Ob das dann negativ oder positiv auszudeuten ist, werden die Kombinationen der einzelnen Karten dieser Reihe ergeben.
- Die 6. Reihe befaßt sich mit den Wünschen des oder der Fragenden, ob sie erfüllt werden können oder nur Träume bleiben.
- Und die 7. Reihe schließlich wird erklären, was die Zukunft bringen wird.

Halten Sie sich bei der Ausdeutung des Sieben-mal-sieben-Systems an das Rezept, das wir Ihnen mit unseren Beispielen in den beiden vorhergehenden Kapiteln gegeben haben. Gehen Sie Schritt für Schritt von rechts nach links in jeder Reihe vor, wobei Sie zunächst die beiden ersten Karten als Zweierkombination deuten, dann die 2. und 3. und so fort. Wenn Sie bei der jeweils 7. Karte angelangt sind, sollten Sie möglichst noch einmal eine kurze Zusammenfassung des Reihenergebnisses machen, damit der Fragesteller oder die Fragestellerin vielleicht schon gleich die Nutzanwendung aus dem Gesagten ziehen können.

Wahrsagen mit Tarotkarten

Immer größerer Beliebtheit erfreut sich in letzter Zeit das Wahrsagen mit Tarotkarten. Viele Zirkel wurden begründet, in denen eine tarotkundige Kartenlegerin ihre Weisheiten von sich gibt. Das Tarotspiel, das nur eine entfernte Verwandtschaft mit dem bayerischen Tarock hat, stammt aus Italien, auch wenn einige Spielkartenforscher seine Urheimat in Indien sehen und andere behaupten, die Urbilder des Tarots seien vor 2000 Jahren beim Brand der Bibliothek von Alexandria gerettet worden, also ägyptischen Ursprungs. Wie dem auch sei: Die ältesten uns überlieferten Tarotkarten entstanden Anfang des 15. Jahrhunderts in Italien, von wo sie vor allem nach Frankreich exportiert wurden, das heute zu den tarotgläubigsten Ländern der Erde zählt. Allein in Paris sollen sich täglich mehr als eine Viertelmillion Menschen die Tarotkarten legen lassen. Wir haben für dieses Buch ein Tarot-de-Marseille ausgewählt, das 1760 gedruckt wurde und dessen Originalkarten heute in der französischen Nationalbibliothek in Paris aufbewahrt werden. Wir übersetzten nur die französischen Namen ins Deutsche.

Was ist Tarot?

Das Spiel selbst besteht aus 78 Karten: dem Narren, den 21 großen und den 56 kleinen Arkanen. Mit diesen 78 Karten spielt man in Frankreich ein Spiel, bei dem die 21 großen Arkanen die Tarots, die Trümpfe sind.
Ähnlichkeit mit dem bayerischen Tarock hat ein anderes Spiel, das mit den kleinen Arkanen gespielt wird und bei dem nur die 4 Ritter zusätzlich ausgespielt werden können. Kartenwahrsager nehmen für ihre Kunst meistens nur den

Narren und die 21 großen Arkanen her, die wir ausführlich noch erklären werden. Zweifellos sind diese 22 Tarotkarten von geheimnisvollen Leuten erfunden worden, die sich in der Materie gut auskannten und manche »Zutat« aus orientalischen Weisheiten schöpften, aber auch aus der Kabbala, der Lehre der mittelalterlichen jüdischen Mystik. Das Spiel, das wir hier verwenden, ist das Tarot-de-Marseille, das irgendwann zu Anfang des 18. Jahrhunderts aus dem Dunkel auftauchte und heute das beliebteste Tarotblatt in Frankreich ist. Bei ihm lassen sich ohne weiteres Querverbindungen zu altägyptischen Weisheiten und auch solche zu der mittelalterlichen jüdischen Geheimlehre herstellen und belegen. Zigeuner der Provence taten ein übriges, die Wahrsagerei mit dem Tarot-de-Marseille zu verbreiten. Das Tarotwunder eroberte Frankreich und hat dort heute noch Abermillionen Jünger.
Übrigens wurde das Tarot von der Kirche im 18. Jahrhundert mehrfach verboten. Darüber war ein Kartenmaler so empört, daß er nicht nur aus dem Kartenblatt V, dem Hohenpriester, »Le Pape« (den Papst) machte, sondern – um diesen wegen des Verbots zu verhöhnen – auch noch das Kartenblatt II, die Hohepriesterin, in »La Papesse« (die Päpstin) umbenannte. Er hatte die Lacher auf seiner Seite, und in Frankreich heißen die beiden Karten bis auf den heutigen Tag so, wie sie der witzige Maler taufte.
Mit dem Verbot erreichte man jedenfalls das Gegenteil: Die Tarotgläubigen schlossen sich zu geheimen Zirkeln zusammen, die großen Zulauf hatten.

Tarotsysteme

Selbstverständlich kann man Tarotkarten nach denselben Schemen auslegen, die wir bei den Skat- und Bridgekarten kennenlernten. Wir wollen aber noch 3 Auslegesysteme hinzunehmen, die nach alten Zigeunerpraktiken zusammengestellt wurden. Es handelt sich hierbei um Schemen, bei denen nur der Narr und die 21 großen Arkanen ausgelegt werden. Bei diesen Systemen braucht man nur wenige Karten, die aber nach alter Weisheit besonders aussagekräftig sein sollen.

Die Schicksalsuhr

Wir mischen die 22 Karten, also den Narren und die 21 großen Arkanen, und lassen den Fragesteller oder die Fragestellerin in bewährter Manier abheben. Die oberste Karte ist dann die Grundkarte, die über die Tendenz der Gesamtauslage aussagen soll. Dann legen wir im Uhrzeigersinn die 12 nächsten Karten im Kreis verdeckt um diese Grundkarte herum – man sieht also zunächst nur die Kartenrücken dieser 12 Karten.

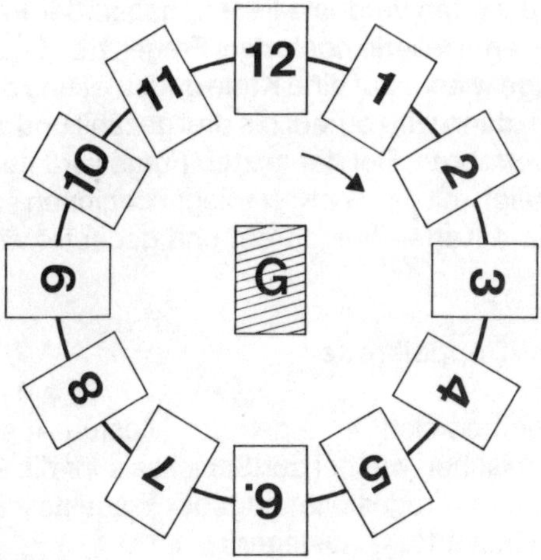

So wird die Schicksalsuhr beim Tarot ausgelegt.

Nun läßt man den, dem man die Schicksalsuhr legt, eine Frage stellen, die ihn zur Zeit brennend interessiert, und auf eine Karte deuten, mit der er zu beginnen wünscht. Der Kartenleger dreht diese Karte um, zählt von ihr aus im Uhrzeigersinn bis zum 3. Bild, das er ebenfalls wendet. Von da aus zählt er noch zweimal bis drei und dreht diese Karten ebenfalls um.

Der Fragesteller oder die Fragestellerin sehen jetzt 4 Karten offen daliegen, mit deren Bedeutung der Kartenleger die gestellte Frage beantworten wird, indem er genauso kombiniert, wie wir das schon beim Skatblatt kennengelernt haben.

Dabei beantwortet die 1. Karte den Wunsch des oder der Fragenden, der hinter der Frage steht, die 2. Karte deutet die Kraft an, die sich einer Wunscherfüllung entgegenstellt. Die 3. sagt aus über die Unterstützung, die man bei der Lösung des Problems im guten Sinne erwarten kann, und die 4. Karte ist gewissermaßen das Ergebnis, das sich wahrscheinlich ergeben wird.

Da noch 8 Karten verdeckt liegen, haben der Fragesteller oder die Fragestellerin noch zwei Fragen frei. Dazu wird bei der 2. Frage wieder auf eine Karte gedeutet und diese Karte gewendet, dann wird erneut bis drei gezählt und wie bei der 1. Karte verfahren. Bei der letzten Frage wird nur noch die Karte gezeigt, mit der der Kartenleger beginnen soll, worauf die letzten 4 Karten umgedreht und gedeutet werden.

Das Tarot-Doppelkreuz

Hier handelt es sich um eines der ältesten Auslegeschemen. Wir mischen wie bei der Schicksalsuhr die 22 Karten, geben sie dem Fragesteller oder der Fragestellerin, die sie in dieser Reihenfolge auslegen:

- Die *1. Karte* kommt in die Mitte. Sie beschäftigt sich mit der Gegenwart, also mit der augenblicklichen Lebensla-

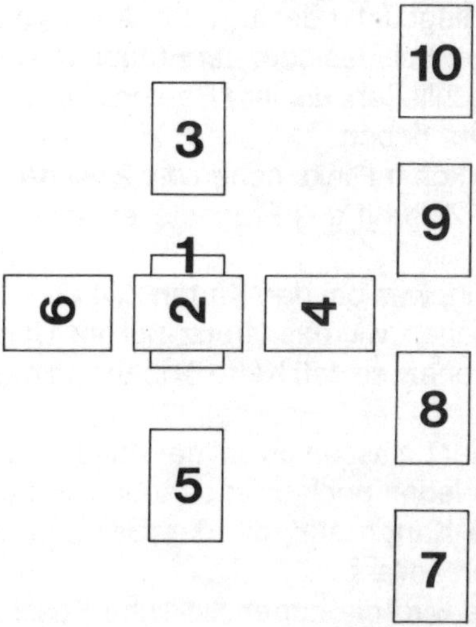

Das Tarot-Doppelkreuz, das aus 6 Karten gebildet wird. Die Karten 7–10 sollen nur noch das aus dem Doppelkreuz gedeutete Bild abrunden.

ge des oder der Fragenden, und sollte auch seine Persönlichkeit darstellen.

- Die *2. Karte* wird waagerecht über die 1. Karte gelegt, so daß sich ein kleines Kreuz ergibt. Hier ist die Familie des oder der Fragenden an der Reihe, seine Umwelt und wie er zu dieser steht. Sie kann meist auch beantworten, ob man in nächster Zeit persönliche Schwierigkeiten haben wird.
- Die *3. Karte* wird über die 1. Karte gelegt. Sie sagt über die jüngste Vergangenheit und die augenblicklichen Möglichkeiten aus.
- Die *4. Karte,* rechts neben die 2. Karte gelegt, soll über die weiter zurückliegende Vergangenheit des Fragestellers oder der Fragestellerin berichten und erhellen, welche Probleme sich daraus zur Zeit noch ergeben.

- Die *5. Karte* liegt unter der 1. Karte. Auch sie beleuchtet die Vergangenheit des oder der Fragenden und läßt auf Ereignisse schließen, die ihre Persönlichkeit möglicherweise geformt haben.
- Die *6. Karte* kommt links neben die 2. Karte. Sie befaßt sich mit der Zukunft des Fragestellers oder der Fragestellerin.

Um festzustellen, was bei den Karten 2, 4 und 6 oben und unten ist, brauchen wir das Kreuz nur im Uhrzeigersinn nach links zu drehen, so daß Karte 6 oben und Karte 4 unten liegen.

Viele Kartenleger belassen es bei der Ausdeutung dieser 6 Karten, andere legen noch links daneben von unten nach oben 4 weitere Karten aus, die das Bild gewissermaßen vervollständigen sollen:

- Die *7. Karte* wird die augenblickliche Position und die Haltung, wie der oder die Fragende zur Zeit zu den Dingen stehen, schildern.
- Die *8. Karte* berichtet von ihrem persönlichen Einfluß im Beruf und von Problemen, die sich daraus ergeben.
- Die *9. Karte* soll über ihre Wünsche und Ängste aussagen, die möglicherweise in die Zukunft überspielt werden könnten.
- Die *10. Karte* ist praktisch das, was unter dem Strich bei allen vorhergegangenen Kartendeutungen herauskommt – das Ergebnis, wie man zukünftig das Leben anfassen sollte, um vor sich und der Umwelt zu bestehen.

Auch hier kann man, um die Konzentration des Fragestellers und der Fragestellerin auf die Einzelkarte, die gerade gedeutet wird, zu erhöhen, zunächst nur die 1. Karte offen auf den Tisch legen, während die anderen Karten erst aufgedeckt werden, wenn sie an der Reihe sind.

Das Drei-mal-drei-System

Die Karten werden gemischt, in der bereits mehrfach beschriebenen Weise abgehoben und von dem oder der Fragenden mit der linken Hand (wenn schon – denn schon!) wie folgt ausgelegt:

- Die 1. Karte ist die Grundkarte, die sich mit der Persönlichkeit des Fragestellers oder der Fragestellerin und seine Ausstrahlung auf die Umwelt beschäftigt.
- Darüber legt man, vom Beschauer aus gesehen, von rechts nach links die Karten 2, 3 und 4, die über die Vergangenheit Aussagen machen sollen. Es wird hier wie in den nächsten beiden Reihen also eine Dreierkombination gedeutet.
- Die darüberliegende Reihe mit den Karten 5, 6 und 7 berichtet über die gegenwärtige Situation des oder der Fragenden, ihre Kenntnisse und augenblicklichen Möglichkeiten.

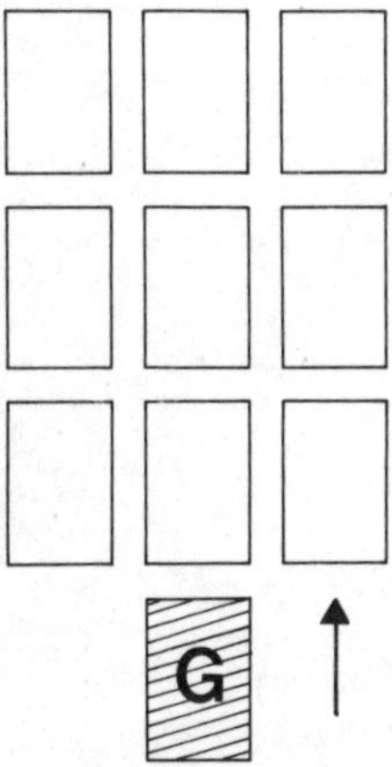

Mit der linken Hand wird nach einer alten Zigeunerregel das Drei-mal-Drei-System des Tarot-de-Marseille ausgelegt.

- Die letzte Reihe mit den Karten 8, 9 und 10 zeigt an, welche Ereignisse und Möglichkeiten dem Fragesteller oder der Fragestellerin die Zukunft bringen wird.

Dieses System werden wir im Anschluß an die Erklärungen der einzelnen Bedeutungen der 22 Karten an einem Beispiel erläutern, um auch hier das Wissen zu vertiefen.

Die großen Arkanen und der Narr

Arkanen heißt nichts anderes als Geheimnisse. Die großen Arkanen geben also die großen Geheimnisse eines Fragestellers oder einer Fragestellerin preis, deren Bedeutung wir jetzt erklären wollen, wobei die Karte ohne Zahl, der Narr, sowohl die Nummer 0 als auch die XXII tragen kann.

- **Der Narr** (Nr. 0 oder XXII, Le Mat): Diese Karte wird oft als Personenkarte gelegt und das wohl darum, weil der unbekannte Erfinder des Tarot daran dachte, daß die Welt ein einziges Narrenhaus sei, in dem wir Menschen die Narren spielen. Wo diese Karte auftritt, zeigt sie einen fröhlichen und begeisterungsfähigen Menschen, der freilich nicht allzu diszipliniert ist und das Leben lieber von der leichten Seite nimmt. Manchmal zeigt der Narr auch die Veränderung einer Situation an, wobei – jeweils in bezug auf die Nebenkarten – Gutes in Schlechtes und Schlechtes in Gutes verkehrt werden kann.
  Steht der Narr auf dem Kopf, so ist todsicher mit allerlei Verrücktheiten und Extravaganzen zu rechnen; hier tritt Unsicherheit zutage, man ist gefallen oder doch zumindesten gehemmt. Die eigene Lage wird undurchschaubar. Man ist nervös, und das Schicksal spielt manchen Streich.
- **Der Gaukler** (Nr. I, Le Bateleur): Er ist ein Zauberer, der alle Menschen verblüfft, eine starke Persönlichkeit mit praktischer Veranlagung. Manchmal greift er zur List, bleibt dabei aber immer diplomatisch. Sein Selbstvertrauen ist durch nichts zu brechen. Er ist kein Hexenmeister, sondern nur ein ganz normaler Mensch, der sein Schicksal in die eigenen Hände genommen hat.
  Steht er auf dem Kopf, hat man heftigen Streit und manche Hindernisse zu erwarten, die man aber in persönlichem Einsatz aus dem Wege räumen kann. In

beiden Fällen ist der Gaukler also positiv zu werten. Von manchen Kartomanten werden diesem Blatt magische Kräfte nachgesagt, die sich auf den Fragesteller oder die Fragestellerin übertragen könnten.

- **Die Hohepriesterin** (Nr. II, La Papesse oder Junon): Das ewig Weibliche zieht uns hinan – die Hohepriesterin läßt das logische Denken bevorzugen, man ist verantwortungsbewußt und immer für einen gerechten Vergleich zu haben. Sie steht auch für die gute Wendung eines Problems, überhaupt für alles Gute und Schöne, für Kunst und Wissenschaft, für den Geist und das Kunstverständnis des oder der Fragenden, die in jeder Lebenslage zurechtkommen werden.
  Steht die Hohepriesterin auf dem Kopf, kehrt sie manches, was wir eben gesagt haben, ins Gegenteil. Dann ist sie streitlustig, ein bißchen verantwortungslos und nicht sehr gescheit. Ein Fragesteller hat in diesem Falle Angst vor der eigenen Courage, wenn er einem weiblichen Wesen gegenübertritt. Eine Fragestellerin läßt sich, statt logisch zu denken, nur noch von ihren Gefühlen treiben.
- **Die Herrscherin** (Nr. III, L'Imperatrice): Als Person ist sie eine weibliche Verwandte, die Mutter, Schwester oder Tochter. Sie tritt auch als Chefin ins Bild, die sehr selbstbewußt ist. Es handelt sich immer um eine sehr praktisch veranlagte Frau, die hingebungsvoll an ihren Lieben hängt. Die Karte steht außerdem für typische weibliche Tugenden. Man nimmt an allem Anteil, was Gefühl verlangt. Alles wird in die Praxis umgesetzt und zum guten Ende gebracht. Im übertragenen Sinn kann es sich manchmal um ein Liebesgeständnis handeln.
  Auf dem Kopf stehend, ist die Herrscherin das gerade Gegenteil: Da wird von Faulheit, von Gefühllosigkeit, Ängstlichkeit und manchmal sogar von Lieblosigkeit gesprochen. Die umgekehrte Karte fördert den Nachbarklatsch und Geheimnisse zutage, die nicht lang

geheim bleiben. Manchmal wird auch von einer ernsten Gefahr gesprochen, in den zwischenmenschlichen Beziehungen zu versagen.

- **Der Herrscher** (Nr. IIII, L'Empereur): Ein starker Mann ist gefragt, setzt sich durch und ist immer bereit, soviel wie nur möglich zu erreichen. Gefühl ist für ihn Frauensache. Er ist die Autorität, deren Willensstärke sich jedermann unterordnet. Mit dieser Karte gewinnt man an Geltung und oft auch an Geld. Man wird sich durchsetzen und – koste es, was es wolle – zielbewußt nach vorne streben. Aber: Man sollte stets nachdenken, bevor man handelt!
  Steht der Herrscher auf dem Kopf, haben wir es mit einem labilen Typen zu tun, der manchmal noch an Mutters Rockzipfel hängt, ein Weichling, der in allen Lebenslagen sich feige hinter anderen versteckt. Die umgekehrte Karte kann auch Geldverlust und schlechtes Planen bedeuten und auf eine Abkühlung intimer Beziehungen hinweisen.
- **Der Hohepriester** (Nr. V, Le Pape oder Jupiter): Ein netter Mensch tritt ins Bild, immer freundlich und zuvorkommend. Er strebt für sich und seine Mitmenschen die soziale Sicherstellung an, ist gefühlsbetont und einsichtig. Im übertragenen Sinn gewinnt man mit dieser Karte Lebenssicherheit. Man ist herzlich und erfreut sich großer Beliebtheit. Man strebt das vollkommene Glück in Liebe und Ehe an. Übrigens stimmt es auch meistens im Finanziellen.
  Steht die Karte auf dem Kopf, wird vieles, was wir eben gesagt haben, übertrieben dargeboten, aber es steckt nichts dahinter. Man kann hier von Schwierigkeiten reden, die manchmal zum Ruin führen können. Man macht Bekanntschaften, die recht oberflächlich sind. Ein guter Freund wird gern ausgenommen; Freundschaften halten nie lange.
- **Die Liebenden** (Nr. VI, L'Amoureux): Amor schießt mit dem Pfeil und putscht die Leidenschaften hoch. Man will sich zusammentun. Alles Schöne drückt diese Karte aus – vor allem das Streben nach absoluter Harmonie und

selbstloser Liebe. Man ist im Glück und peilt den persönlichen Erfolg an. Um sein Ziel zu erreichen, geht man ungewöhnliche Wege. Mit Leidenschaft verteidigt man seine Ehre (bei jungen Damen die Unschuld) und setzt Vertrauen gegen Vertrauen.
Wenn die Liebenden auf dem Kopf stehen, kann das Ehestreit bedeuten oder das Ende einer Liebesbeziehung. Die umgekehrte Karte weist auf Egoismus hin, der es unmöglich macht, geliebt zu werden. Man zögert Probleme hinaus, bis sie sich von selber lösen. An der eigenen Unentschlossenheit scheitert mancher hochfliegende Plan.

- **Der Wagen** (Nr. VII, Le Chariot): Er wird gezogen von zwei Pferden, die in entgegengesetzte Richtung streben. Man lernt verborgene Feinde oder schlechte Freunde kennen. Gute Taten bringen Tadel ein. Das Kartenbild zeigt einen Menschen, der alles erreicht hat, plötzlich aber blind in die Zukunft fährt. Manchmal läßt die Karte einen Umzug erahnen, eine Reise ins Ungewisse. Es triumphiert die Oberflächlichkeit.
  Steht die Karte auf dem Kopf, ist man wirklichkeitsfremd und versagt gerade dort, wo man eigentlich Erfolg haben müßte. Man ist auf der Flucht vor sich selbst, vor seinen Mitmenschen und vor jeder Verantwortung. Man geht planlos durchs Leben und verschwendet seine kostbare Zeit.
- **Die Gerechtigkeit** (Nr. VIII, La Justice): Die Anständigkeit triumphiert. Man lebt nach Recht und Gesetz. Das Ziel wird ausdauernd verfolgt, der Ellenbogen jedoch nicht eingesetzt. Man schließt nur Kompromisse, wenn man damit einem Menschen helfen kann, der in Not geriet. Das schafft Vertrauen. Da ist alles ausbalanciert: Das Gleichgewicht der Kräfte soll erhalten bleiben. Man ist auf Tradition bedacht, die freilich den Fortschritt nicht hemmen darf.
  Steht die Karte verkehrt, ist es mit der Gerechtigkeit nicht

weit her, das Gleichgewicht ist gestört, es kommt zu einer ungerechten Verurteilung, die Intoleranz schießt Blüten. Hier haben Lügen lange Beine, und das Zusammenleben mit anderen Menschen wird oft zur Qual. Pläne müssen aufgegeben werden, manchmal geht auch ein Prozeß verloren.

- **Der Einsiedler** (Nr. VIIII, L'Hermite): Er ist ein Weiser, der nur seinem Gewissen folgt, er lebt auch zurückgezogen von der lauten Welt und horcht in sich hinein. Mit anderen Worten: Man hat ein verschlossenes Wesen, schließt nur selten Freundschaften und bleibt selbst dem besten Freund gegenüber zurückhaltend. Oft steht der Sinn nach Trennung, nach Scheidung. Die Karte steht auch für die Intelligenz, aber ebenso für die Kritiklust eines Menschen. Die Grundtendenz heißt Verschwiegenheit: Man verschanzt sich hinter Geheimnissen und schlägt im rechten Moment zu. Immer auf der Suche nach dem Stein der Weisen wird man seinen Weg machen, ohne die Konkurrenz zu beachten.
  Ist die Karte umgedreht, zeigt man falschen Stolz und nimmt noch so gutgemeinte Hilfestellung nicht an. Man ist ein bißchen unbesonnen, läßt andere gern auf sich warten und verschließt sich gegenüber allem, was eigentlich hilfreich und nützlich wäre. Manchmal rennt man blind in sein Unheil, weil man erst im nachhinein bedenkt, was man eigentlich hätte tun können.
- **Das Schicksalsrad** (Nr. X, La Roue de Fortune): Es dreht sich für Mensch und Tier, man klammert sich daran und stürzt am Ende doch ab. Die Karte steht für die eigene Lebensführung, für schnelle Abänderung gefaßter Pläne und für den Hochmut, der zu Fall kommen kann. Im allgemeinen ist sie positiv zu deuten, wenn eine positive andere Karte neben ihr liegt, aber sie kann manches auch ins Negative verkehren. Hier wird das Auf und Ab des Lebens geschildert und auf die Tatsache

hingewiesen, daß man am Ende gegen sein Schicksal doch machtlos ist.
Steht das Rad auf dem Kopf, ist von plötzlichem Unglück die Rede, man versagt, stellt sich wider besseres Wissen taub und verkennt die eigene Lage.

- **Die Kraft** (Nr. XI, La Force): Mit Löwenmut zwingt man sein Schicksal. Man ist anderen geistig überlegen, sorgt aber auch dafür, daß man körperlich fit bleibt. Tatkräftig geht man Probleme an und löst sie im Handumdrehen. Wer so handelt, den muß man lieben, der wird selbst von seinen Feinden verehrt. Trotz kämpferischer Grundhaltung ist man für den Frieden, für den Ausgleich in allen Lebenslagen.
  Das gerade Gegenteil ist der Fall, wenn die Karte auf dem Kopf steht. Dann ist man ein Schwächling, der sich im Beruf nicht durchsetzen kann, der berühmte Pantoffelheld in den eigenen vier Wänden. Ohne Engagement läßt man alles mit sich und den Seinen geschehen. Nur den Schwächeren gegenüber ist man stark.
- **Der Gehenkte** (Nr. XII, Le Pendu): Von Hängenlassen ist hier die Rede und von mangelnder Risikobereitschaft. Es wird alles so hingenommen, wie man es vorgesetzt bekommt, und gar nicht erst versucht, sich gegen das Schicksal aufzulehnen. Oft ist man auch gerade durch eine Talsohle des Lebens geschritten und wartet geduldig ab, weil es eigentlich ja nur noch besser werden kann. Das ist die positive Aussage dieser Karte. Sie rät von augenblicklichen Geldanlagen ab, weil der Erfolg ausbleiben würde.
  Die umgekehrte Karte spricht von getäuschten Hoffnungen und nicht in Erfüllung gehenden Träumen. Man stellt die Frage nach dem Lebenssinn und resigniert.
- **Der Tod** (Nr. XIII, La Mort): Hier ist weniger von unserem Lebensende die Rede, als vielmehr von etwas Abgestorbenem, das man notwendigerweise aufgeben mußte, um nicht ins Schleudern zu geraten. Die Karte deutet auf das Ende von familiären oder persönlichen Schwierigkeiten hin, ebenso auf die Veränderung des eigenen Personenstandes, vielleicht sogar auf eine Hochzeit, die ja das Ende der Junggesellenzeit bedeutet. Schlimme Gewohnheiten werden hier abgelegt und besserer Ein-

sicht das Feld räumen müssen. Nur in einigen wenigen Fällen kann die Karte auch eine Krankheit bedeuten, die eine Lebensweise beschließt, bei der man Raubbau mit dem eigenen Körper trieb. Natürlich ist der Tod das Sinnbild für die Vergänglichkeit alles Irdischen.
Steht der Tod auf dem Kopf, ist das ein Zeichen dafür, daß man seinen augenblicklichen Lebensstil nicht verändern will. Man will wie bisher weiterwursteln, sich allem fügen, was da auch kommen mag. Manchmal verspricht die umgekehrte Karte auch Genesung nach langer Krankheit.

- **Die Mäßigung** (Nr. XIIII, La Tempérance): Immer auf den Ausgleich bedacht, versucht man, auch seine Feinde zu verstehen oder aus eigenem Falschverhalten die Lehren zu ziehen. Meistens steht eine glückliche Zukunft bevor. Negativ macht sich bemerkbar, daß in vielen Situationen der Antriebsmotor fehlt, mit dessen Hilfe man Konkurrenten überholen könnte. Und deshalb wohl steht die Karte auch für zu große Bescheidenheit, die freilich mit einer von Herzen kommenden Freundlichkeit gepaart ist.
Steht die Karte auf dem Kopf, wird ein etwas mürrischer Menschentyp geschildert, der sich am liebsten mit aller Welt anlegen möchte. Was die anderen tun und lassen, ist ihm gleichgültig. Die umgekehrte Karte steht für Wünsche, die niemals erfüllt werden können, ja, sogar für Potenzschwierigkeiten. Sie beleuchtet manchmal die Verzweiflung in der Liebe, weil der, den man liebt, einen anderen mag.
- **Der Teufel** (Nr. XV, Le Diable): Alle Unannehmlichkeiten dieser Welt sind in diese eine Karte verpackt. Sie schildert den Menschen, der es kaum zu etwas bringen wird, der immer vor den anderen buckeln wird, weil er es einfach nicht versteht, etwas aus sich zu machen. Der Teufel kündet Unheil an. Das können finanzielle Tiefschläge sein, persönliche Abgründe und schlechte Ein-

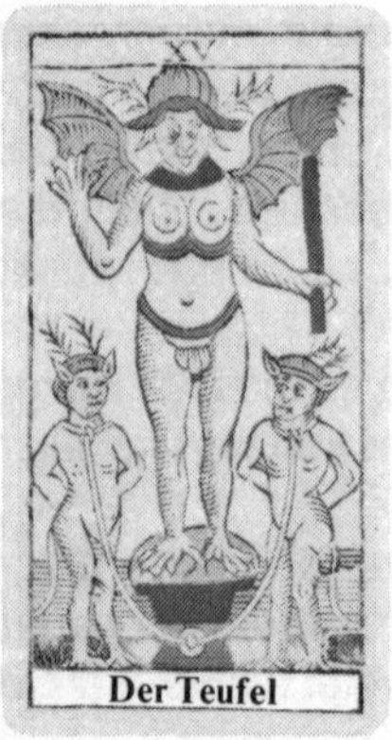

flüsse, denen man in seiner Umwelt nachgibt. Manchmal läßt der Teufel auch auf eine Krankheit schließen, für die man viel Geld ausgeben muß.
Steht der Teufel auf dem Kopf, gibt sich mancher ausgelassen dem Triebleben und allen irdischen Freu-

den hin. Man überwindet Angstzustände, gibt sich freier und entschlossener. Man räumt alles Unangenehme zur Seite und will das Schicksal zwingen, auch wenn es einem übel mitgespielt hat. Die umgekehrte Karte steht auch für einen eingebildeten Kranken.

- **Die Zerstörung** (Nr. XVI, La Maison de Dieu, wörtlich übersetzt: das Gotteshaus): Auf dem Kartenbild stürzt ein Turm in sich zusammen und reißt alles in die Tiefe. Im übertragenen Sinne steht man also nach einem Zusammenbruch vor einer völlig neuen Situation, muß von unten anfangen und sich allmählich wieder hinaufarbeiten. Man verändert sein Leben gewissermaßen um 180 Grad, bricht mit der Tradition. Ein Liebesverhältnis wird auf eine neue Basis gestellt, nur manchmal ist von einem Bruch einer bestehenden Verbindung die Rede. In jedem Fall aber wird man, wenn diese Karte aufgelegt wird, etwas verlieren – möglicherweise eine Existenz, die man sich selber aufbaute.
  Liegt die Karte verkehrt, geschieht eigentlich nichts, was Spannungszustände im Leben hervorrufen könnte. Die Langeweile packt den, der diese Karte so aufliegen hat. Er ist kaum in der Lage, sich in die Diskussion anderer einzuschalten. Hier ist von einem Stillstand, von Monotonie die Rede.
- **Der Stern** (Nr. XVII, L'Etoile): Wo diese Karte aufgelegt wird, ist vom Glück die Rede: Die Sterne stehen günstig! Mit dieser Karte soll die Verbindung zwischen Kartomantie und Astrologie aufgezeigt werden. Von Geburt an hat man die Hoffnung, daß alles sich zum Besten wenden wird. Und die Hoffnung wird nicht trügen. Natürlich verspricht die Karte auch Liebesglück, man geht ganz in der eigenen Familie auf und ist mit sich und seiner Umwelt zufrieden.
  Steht die Karte auf dem Kopf, verscherzt man sich manche Möglichkeit zu einer Besserstellung. Hoffnungen werden enttäuscht. Man ist mit nichts zufrieden

und nörgelt gern an allem und jedem herum. Pläne werden gemacht, um gleich darauf wieder umgestoßen zu werden. Man setzt sich ins Zwielicht und oft auch ins Unrecht. Das Verhältnis zur Umwelt ist gestört.

- **Der Mond** (Nr. XVIII, La Lune): Auch diese Karte nimmt auf die Astrologie Bezug, was aus dem abgebildeten Tierkreiszeichen Krebs ersichtlich ist, dessen Beherrscher ja der Mond ist. Hier ist von einem Menschen die Rede, der alles hinauszögert, der aber mit viel Gefühl seinen Mitmenschen gegenübertritt. Die eigenen vier Wände sind seine Welt. Manche Kartomanten deuten den Mond als Unglückskarte, weil er oft Enttäuschungen verspricht. Man gelangt in Situationen, aus denen es nur einen Ausweg zu geben scheint, wenn man mit Lügen oder üblen Tricks arbeitet. Die Karte spricht auch von Skandalen, von Verrat und Diffamierung. Die positive Grundtendenz erhellt aber daraus, daß manche Menschen aus unglücklichen Situationen geläutert hervorkommen und aus ihren Erfahrungen sehr wohl lernen. Auch seltsame Vorahnungen werden mit diesem Blatt angezeigt.
  Liegt der Mond umgekehrt, wird man kaum große Fehler machen und rechtzeitig vorsorgen. Zwar kommt man mal in eine mißliche Lage, wird sich aber dann immer wieder freistrampeln. Die umgekehrte Karte steht auch für heimliche Liebe und süße Geheimnisse.
- **Die Sonne** (Nr. XIIII, Le Soleil): Das ist die Erfolgskarte schlechthin. Auf allen Wegen wird die Sonne scheinen, die Liebe blühen und der Berufserfolg sicher sein. Dem Glück sind keine Grenzen gesetzt. Man tut allerdings auch etwas dafür: Man setzt sich ein, um seine Verhältnisse zu bessern, man arbeitet wie ein Wilder, was dann freilich Streß im Gefolge hat. Die Karte umschreibt auch die Liebe auf den ersten Blick, schlechthin die positive Einstellung zum Leben.

Steht die Sonne auf dem Kopf, bedeutet das genau das Umgekehrte von dem, was wir eben beschrieben haben. Hier ist Liebesleid angesagt, die Finanzen verschlechtern sich, nur mühsam kann man sich durchrackern. Was man plant, ist zum Scheitern verurteilt, weil es nicht gründlich genug vorbereitet wurde. Ein Leben großer Mühen wird schlecht gelohnt.

- **Das Gericht** (Nr. XX, Le Jugement): Hier ist wohl das Jüngste Gericht gemeint, das die guten von den bösen Menschen scheidet. Mit dieser Karte wird gewissermaßen ein Rechenschaftsbericht gegeben über das Leben des Fragestellers oder der Fragestellerin. Sie verspricht nur den aufrechten Typen Erfolg und Glück im Leben, den anderen aber das Zurückfallen in ein Nichts. Manchmal ist auch von einem Vermögensverlust die Rede, der aber immer auf eigenem Verschulden gründet. Die Karte fordert auf, sich selbst zu erkennen und daraus die Lehren für die Zukunft zu ziehen.
  Steht sie auf dem Kopf, kommt selbst der Gerechte ins Schleudern. Das Leben ist schwer, der Erfolg muß erkämpft werden, aber keiner weiß, ob er ihn am Ende auch erreicht. Man ist im Wartestand, der nur die Hoffnung zuläßt, daß sich eigentlich alles nur noch verbessern kann.
- **Die Welt** (Nr. XXI, Le Monde): Sie umschreibt das Resultat unserer Bemühungen. Wer diese Karte aufgelegt hat, dem braucht es um den Erfolg nicht bange zu sein. Sie ist die stärkste unter den großen Arkanen und verkehrt schlechte Aussagen anderer Blätter zumeist ins Gegenteil. Hier ist stets von einem glückhaften Abschluß eines Lebensabschnittes die Rede. Das kann eine bestandene Prüfung sein, die Beförderung im Beruf, die reiche Heirat. Auf jeden Fall ist die Karte immer positiv zu werten.
  Steht sie auf dem Kopf, wirkt sie deutlich negativ: Eine Prüfung wird nur mit Mühe bestanden oder muß wieder-

Der Mond

Die Sonne

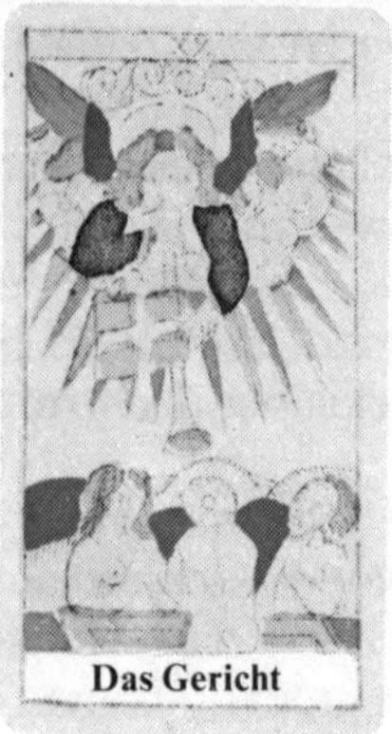
Das Gericht

Die Welt

holt werden, das erhoffte Glück im Spiel verschlingt das eigene Geld, und aus der reichen Heirat wird auch nichts. Die umgekehrte Karte steht für die Enttäuschung im Leben, die Unfähigkeit, sich selbst an die Kandare zu nehmen.

Beispiel: Das Drei-mal-drei-System

Um Ihnen ein Beispiel zu geben, wie man ein Auslegesystem der großen Arkanen deutet, haben wir hier das Drei-mal-drei-System gewählt. Der Fragesteller war in diesem Fall ein 28jähriger Elektromeister, der sein Geschäft vom Vater erbte.

Der Wagen ist die Grundkarte, die hier auf dem Kopf steht. Sie sagt über die Persönlichkeit des Fragenden und seine Ausstrahlung aus: Es handelt sich um einen etwas weltfremden Typen, der eigentlich keine Verantwortung tragen möchte. Er macht seine Arbeit, um zu leben. Das Geldverdienen ist ihm wohl wichtiger als ein Erfolgserlebnis.

Das Gericht, die Liebenden und das Schicksalsrad schildern seine Vergangenheit: Der 28jährige hat eine glückliche Jugend gehabt; jedenfalls wuchs er ohne elterlichen Zwang heran (das Gericht). In der Familie galt Harmonie und Liebe als höchstes Gut. Und der Junge paßte sich an. Wahrscheinlich blieb er sogar noch an Mutters Rockzipfel hängen, als er schon längst im Erwerbsleben stand (die Liebenden). In der Schule und bei der Berufsausbildung hatte der Fragesteller kaum große Schwierigkeiten. Und sicher war er bei seinen Mitschülern und Kollegen sehr beliebt (das Schicksalsrad).

Der Mond, der Gehenkte und die Zerstörung schildern seine augenblickliche Lage: Da der Mond verkehrt liegt, wird der Fragesteller zur Zeit kaum große Fehler machen. Möglicherweise hat er aber Schwierigkeiten mit dem anderen Geschlecht, was wohl aus der Kombination der umgekehrt liegenden Karten Mond und Wagen (Grundkarte) herauszulesen ist. Oder ist er etwa unglücklich verliebt? Die nächste Karte, der auf dem Kopf stehende Gehenkte, spricht ja ausdrücklich von enttäuschten Hoffnungen und unerfüllten Träumen. Aber der Fragesteller ist schon dabei, seine Lage zu überdenken und sich jemand anderem

zuzuwenden, der mit ihm vielleicht einen Neuanfang wagt (die Zerstörung).
Die Hohepriesterin, der Gaukler und der Narr zeigen, was dem 28jährigen die Zukunft bringen wird: Seine augenblicklichen Probleme im zwischenmenschlichen Bereich werden schon bald gelöst werden; er wird sich wieder fangen und wahrscheinlich an der Seite einer mütterlichen Frau sein Glück finden (die Hohepriesterin). Seine praktische Veranlagung wird ihm in seinem Beruf dienlich sein, und die in der Grundkarte (umgekehrter Wagen) ausgesagte Weltfremdheit wird einem immer stärker wachsenden Selbstvertrauen weichen (der Gaukler). Er wird das Leben leichter nehmen und am Ende sein Schicksal in die richtige Richtung lenken (der Narr).

Der auf dem Kopf stehende Wagen ist die Grundkarte des Dreimal-drei-Systems, das wir mit Tarot-Karten (Tarot-de-Marseille) für einen 28jährigen Elektromeister auslegten.

Die kleinen Arkanen

Man kann natürlich beim Auslegen der einzelnen Tarotsysteme die sogenannten kleinen Arkanen (»kleine Geheimnisse«) hinzunehmen. Auch hier kann man alle Auslegesysteme, die in diesem Buch beschrieben wurden, heranziehen. Besonders eignet sich das sogenannte Sieben-mal-sieben-System, das wir beim Auslegen eines Bridgespiels von 52 Karten herausstellten. Dazu werden alle 78 Tarotkarten gemischt, in der beschriebenen Weise abgehoben und – nach Feststellung der 3 Schlüsselkarten – wieder zusammengegeben.
Man legt dann die 3 Schlüsselkarten und aus den zusammengelegten Karten die ersten 49 – wie im Kapitel »Wahrsagen mit 52 Karten« beschrieben – aus, die Deutung erfolgt in der gleichen Weise wie beim Bridgespiel.
Abschließend wollen wir Ihnen aber noch schildern, was die einzelnen kleinen Arkanen bedeuten, die wie ein Bridgespiel 4 Farben haben (Schwert, Stab, Kelch und Münze), zusätzlich zu den Karten König, Dame, Bube und den 10 Zahlen bei jeder Farbe noch einen Ritter besitzen.

Die Bedeutung der Schwerter

Sie schildern die Kraft, mit der sich der Fragesteller oder die Fragestellerin im Leben durchsetzen, ihr aktives Verhalten in der Umwelt und ihren Mut, selbst Unmögliches möglich zu machen. Das alles ist aber im guten wie auch im bösen Sinne zu verstehen.
Schwert-König: Er wird oft als Amtsperson geschildert, vor der man Respekt haben muß. Meistens verhilft er der Gerechtigkeit zum Sieg, trifft dabei aber auch ungünstige Entscheidungen für den, dem man die Karten legt.

Steht der Schwert-König auf dem Kopf, dann wird möglicherweise ein Prozeß verloren, auf jeden Fall wird es einige Schwierigkeiten im Leben geben, die von den sogenannten guten Freunden heraufbeschworen werden. Bei einer Fragestellerin läßt sich hinter dem verkehrtliegenden Schwert-König zumeist ein recht brutaler oder geiziger Ehemann oder ein schlechter Liebhaber vermuten.

Schwert-Königin: Für eine Fragestellerin bedeutet sie Trennung und Einsamkeit. Oft steht die Schwert-Königin auch für eine Witwe, die ihr Los einfach nicht ertragen kann. Sonst ist Verleumdung im Spiel, aber auch geschäftlicher Ärger.

Verkehrt: Eine eifersüchtige und recht boshafte Frau ist am Werk, vor der man sich hüten sollte. Sie könnte einen Fragesteller recht hinterlistig umgarnen und ihn sogar zur Ehe zwingen wollen.

Im übertragenen Sinne steht diese Karte auch für Kleinmütigkeit und Rachsucht.

Schwert-Ritter: Man hat es mit einem stürmischen Mann zu tun, der kein Zurück kennt, auch wenn ihm das schaden sollte. Man sollte zum Gelingen seines mutigen Vorgehens die Nachbarkarten fragen.

Verkehrt: Man ist unfähig, logische Entscheidungen zu treffen und könnte über die eigene Dummheit stolpern. Der Streit wird gesucht, aber am Ende wird man immer eines Besseren belehrt.

Schwert-Bube: Die eigene Neugier spielt manchen Streich. Man bohrt immer wieder in Dingen herum, die einen eigentlich nichts angehen. Nur manchmal wird hier ein aufmerksamer Mensch geschildert.

Verkehrt: Man ist ein rechter Tolpatsch, der auch in intimen Dingen keine Rücksicht kennt. In vielen Aussagen handelt es sich, ob richtig oder verkehrt liegend, um einen jungen Mann.

Schwert-Zehn: Sie steht für Trauer, Tränen und Sorgen. Man wird vom Leben enttäuscht.

Schwert-König

Schwert-Königin

Schwert-Ritter

Schwert-Bube

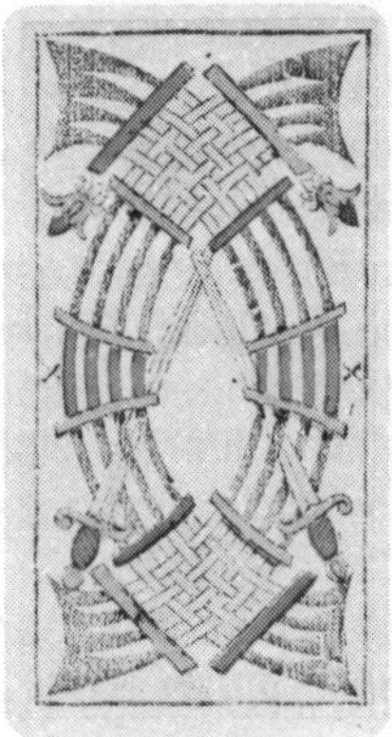

Schwert-Zehn

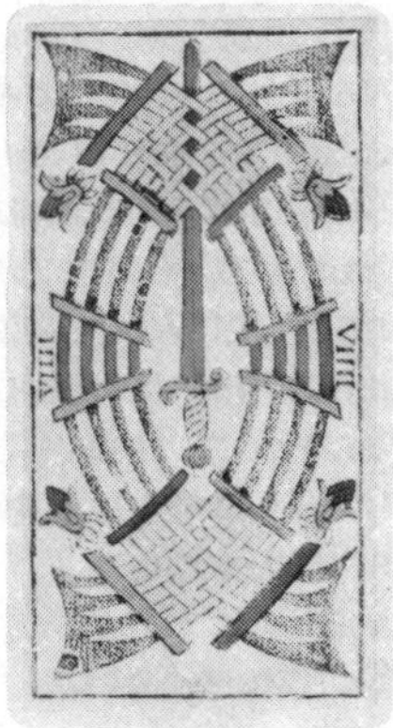

Schwert-Neun

Verkehrt: Man kommt in der Gesellschaft nicht so an, wie man das gerne möchte.

Schwert-Neun: In der Liebe und im Beruf klappt es nicht so recht, aber mit Geduld könnte man doch zum Ziel gelangen.

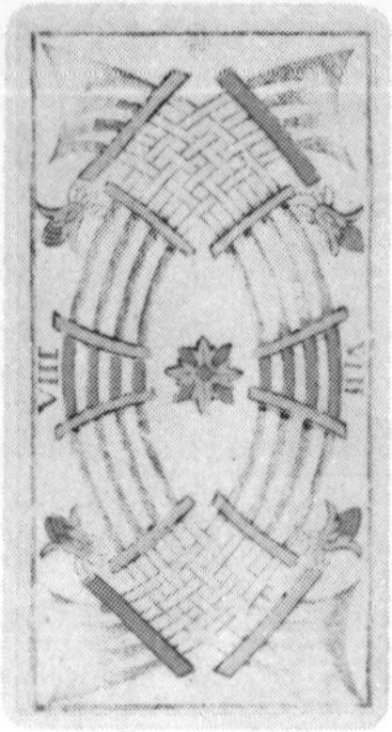

Schwert-Acht

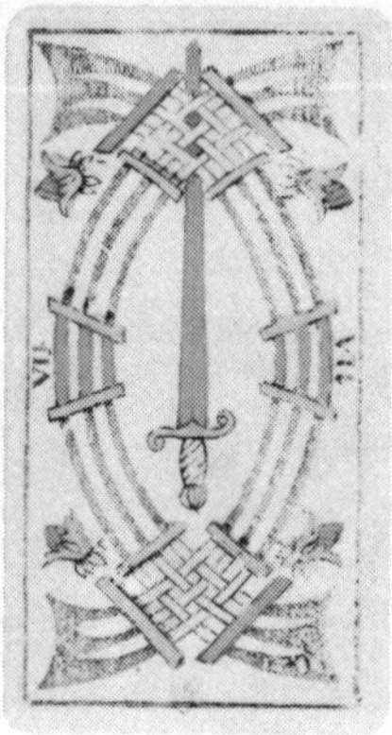

Schwert-Sieben

Verkehrt: Hier zieht man vor lauter Angst einen Schlußstrich, manchmal nur deshalb, um finanziell nicht das Nachsehen zu haben.

Schwert-Acht: Man ist in einer Krise, die aber glücklich beendet werden kann. Auf jeden Fall handelt es sich um ein Erlebnis, das manche Wunden schlagen kann.

Schwert-Sieben: Man sollte die Hoffnung nie aufgeben (das kann man auch im Hinblick auf eine eventuelle Erbschaft sagen).

Verkehrt: Nach Streit gibt es Kummer und Sorgen.

Schwert-Sechs: Spannungen in der Liebe, möglicherweise ein zünftiger Ehekrach.

Verkehrt: Man spricht sich aus und klärt ein Problem.

Schwert-Fünf: Ein Sieg wird erfochten, der nichts einbringt.

Verkehrt: Sorgen um die Familie oder einen bestimmten Verwandten.

Schwert-Vier: Man zieht sich von seinen Freunden zurück. Das kann auch einen Krankenhausaufenthalt bedeuten.

Verkehrt: Sie haben Schwierigkeiten, sich anzupassen, und

Schwert-Sechs

Schwert-Fünf

Schwert-Vier

Schwert-Drei

Schwert-Zwei

Schwert-As

sollten vor allem auf finanziellem Gebiet behutsamer vorgehen.

Schwert-Drei: Für einige Zeit muß man sich von jemandem trennen, aber es ist wahrscheinlich, daß danach das Verhältnis sich bessern wird.

Verkehrt: Manche Hindernisse sind aufgebaut. Eigene Fehler führen zu Verlusten.
Schwert-Zwei: Es gelingt Ihnen alles, und Sie strotzen nur so vor Gesundheit.
Schwert-As: Wunscherfüllung, freudiges Ereignis, aber auch manchmal ein ausschweifendes Leben.
Verkehrt: Eine Karte, die gute Aussagen ins Gegenteil verkehren kann.

Die Bedeutung der Stäbe

Stäbe schildern den Unternehmungsgeist des Individuums, seine Stellung im Beruf und sein Fortkommen.
Stab-König: Eine sehr moralische Person tritt ins Bild, deren Intelligenz über dem Durchschnitt liegt. Ab und zu ist es ein reicher Verwandter, der einem Gutes tut.
Verkehrt: Es mischt sich jemand in Ihr Leben ein.
Stab-Königin: Eine naturverbundene Person, die für alles Verständnis hat. Für einen Fragesteller ist sie die charmante Geliebte, die selbst dann noch Verständnis zeigt, wenn er vermeintlich auf Abwegen schweift.
Verkehrt: Eine Frau, die nicht so kann, wie sie will. Da kann auch Untreue im Spiel sein.
Stab-Ritter: Man wird in jeder Weise unterstützt und lernt möglicherweise fremde Welten kennen.
Verkehrt: Sie verlieren einen Freund, der auch Ihr Gönner gewesen sein könnte.
Stab-Bube: Eine gute Nachricht ist zu erwarten.
Verkehrt: In diesem Fall ist die Nachricht ungünstig.
Stab-Zehn: Probleme werden nicht gelöst, da Verrat im Spiel ist. Eine Gefahr droht.
Stab-Neun: Ein Neubeginn kann gestartet werden, auch wenn noch einige Schwierigkeiten entgegenstehen. Manchmal sagt die Karte auch über versteckte Gegner aus.
Stab-Acht: Streßsituation durch unnötige Eile im Beruf.

Stab-König

Stab-Königin

Stab-Ritter

Stab-Bube

Stab-Zehn

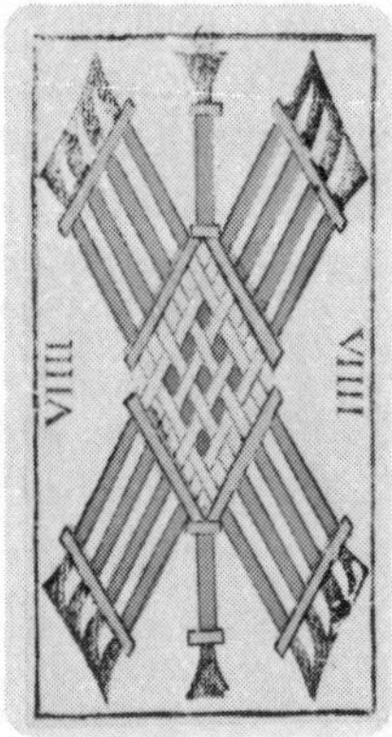

Stab-Neun

Das kann auch mangelnde Konzentration zur Folge haben, die aber nicht lange anhält.

Stab-Sieben: Konflikte im Beruf müssen überwunden werden, da sonst ein finanzieller Verlust im Bereich des Möglichen ist.

Stab-Acht

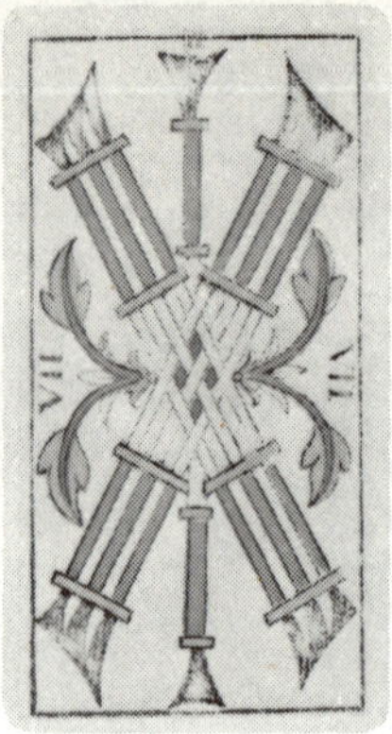

Stab-Sieben

Stab-Sechs

Stab-Fünf

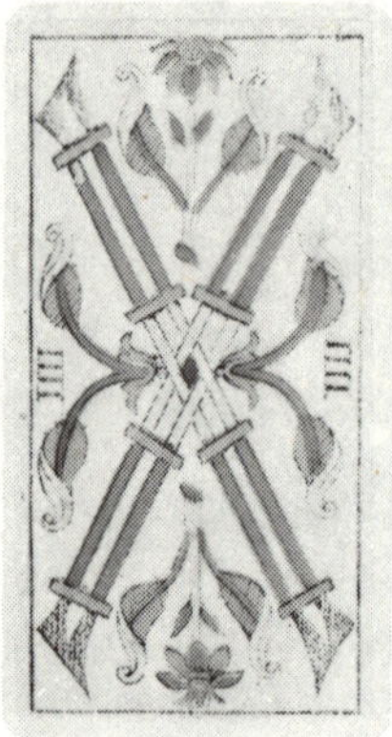

Stab-Vier

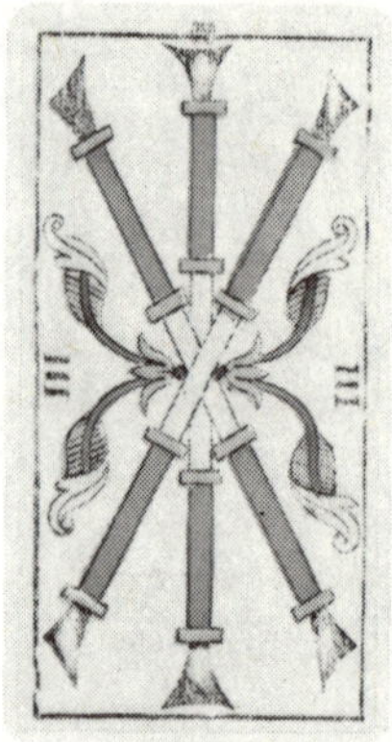

Stab-Drei

Stab-Sechs: Die Sinnlichkeit feiert Triumphe, in allen Lebensbereichen hat man Glück.
Stab-Fünf: Sie sollten mehr für Ihre Gesundheit tun. Aufregung macht die Nerven kaputt. Auch Betrug ist im Spiel.

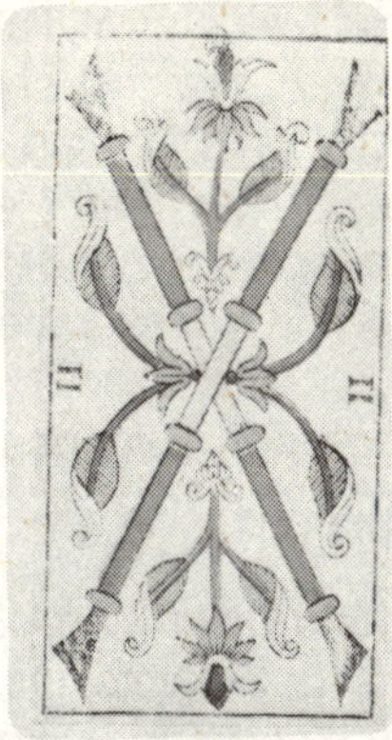

Stab-Zwei

Stab-As

Stab-Vier: Harmoniekarte! Jedenfalls hat man Glück in der Liebe und verdient nebenbei auch noch eine Stange Geld.
Stab-Drei: Bei einer Auseinandersetzung wird man der Sieger sein. Man sollte sich aber vor falschen Freunden hüten, die den Erfolg neiden.
Stab-Zwei: Man kann Einfluß gewinnen, aber es ist nicht unbedingt gesagt, daß dies positiv zu bewerten wäre. Manchmal steht die Karte auch für ein trauriges Ereignis.
Stab-As: Die Potenz ist hier gefragt, weshalb diese Karte oft Kindersegen verspricht. Auf jeden Fall handelt es sich um einen Gewinn in den zwischenmenschlichen Beziehungen.
Verkehrt: In diesem Falle schlafft man ab und geht einer unsicheren Zukunft entgegen.

Die Bedeutung der Kelche

Kelche stehen für die gefühlsmäßige Bindung des Menschen an die Umwelt. Sie künden von Freude und versprechen ein Leben in Glück und Zufriedenheit.

Kelch-König: Hier hat man es mit einem intellektuellen Menschen zu tun, der – ohne überheblich zu sein – die Weisheit selbst ist. Oft steht Kelch-König für eine Persönlichkeit des öffentlichen Lebens, zu der man Vertrauen haben kann, weil sie verantwortungsbewußt handelt. Wenn er in der Auslage für Schriftsteller und Künstler steht, sind diese besonders kreativ.
Verkehrt: Skandalöse Zustände werden aufgedeckt, man ist nicht ganz ehrlich und will um jeden Preis das Leben genießen.
Kelch-Königin: Auch sie steht für Wissen und Weisheit. Oft handelt es sich um die charmante Geliebte, die mit viel Gefühl ausgestattet ist. Der, dem diese Karte gelegt wird, kann sehr viel Vertrauen in sein Schicksal setzen.
Verkehrt: Eine sehr unmoralische Dame, der aber die Männer zu Füßen liegen. Im übertragenen Sinne steht sie für Lügen und Untreue.
Kelch-Ritter: Ehren, die nichts einbringen, auch: das flüchtige Glück.
Verkehrt: Ein kleiner Schuft, der mit Betrug und Diebstahl (eventuell auch geistigen Eigentums) arbeitet.
Allgemein: Man wird in eine unangenehme Lage gebracht.
Kelch-Bube: Eine gefühlvolle und geistreiche Person, die hilfsbereit zur Seite steht und dem Menschen, den sie liebt, dienen will. Kelch-Bube steht auch für die Nachdenklichkeit.
Verkehrt: Karte des Mißtrauens. Als Person ein recht leichtlebiger Mann, der die Gefühle auf dem Präsentierteller mit sich herumschleppt. Ein Playboy mit eindeutigen Absichten.
Kelch-Zehn: Man wird hohe Ehren erreichen. Die Karte steht für das persönliche Glück, manchmal auch – vor allem bei jungen Damen – für einen nicht mehr ganz so jungen Geliebten.
Verkehrt: In diesem Fall ist manche Ehe in Gefahr, weil der Jähzorn die Gefühle zerschlägt.

Kelch-König

Kelch-Königin

Kelch-Ritter

Kelch-Bube

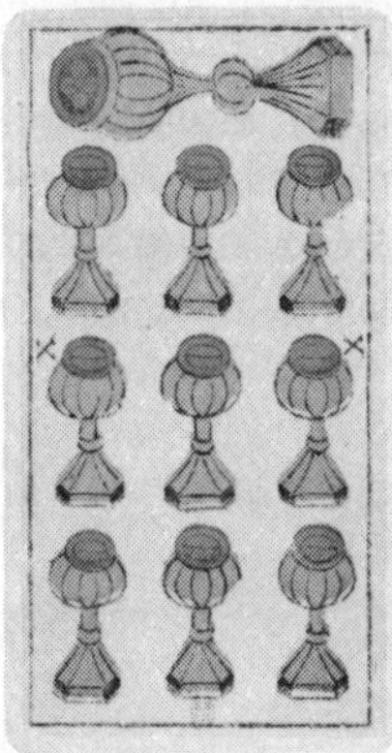

Kelch-Zehn

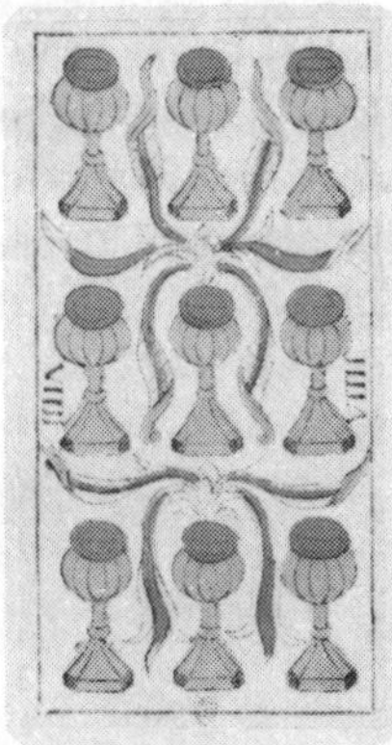

Kelch-Neun

Allgemein handelt es sich hier um Unannehmlichkeiten.

Kelch-Neun: Viele Wünsche werden erfüllt, das Geld klingelt in der Kasse, man ist erfolgreich und bietet keine Angriffsfläche für Gegner.

Verkehrt: Sie werden Fehler machen, ein aufrichtiger Freund wird Ihnen jedoch zur Seite stehen.
Kelch-Acht: Sie fühlen sich verlassen, Ihnen fehlt einfach die geistige Übereinstimmung mit Ihrer Umwelt. Die Karte bezeichnet manchmal eine Freundschaft zu einer Frau.
Verkehrt: Ihnen wird in einer prekären Lage geholfen, so daß Sie wieder fröhlich in die Zukunft schauen können.
Kelch-Sieben: Hemmnisse, die sich einem glücklichen Verhältnis entgegenstellen. Bei einem Liebespaar könnte sich der Traum von einer Hochzeit nicht erfüllen.
Verkehrt: Vergnügen und Freuden sind nur von kurzer Dauer. Man muß mit Enttäuschungen rechnen.
Kelch-Sechs: Sie denken oft an eine relativ glückliche Jugend zurück. Trotzdem fühlen Sie sich in Ihrer Haut wohl.
Verkehrt: Die Vergangenheit war wohl nicht sehr rosig, und deshalb kann es eigentlich nur besser kommen.
Kelch-Fünf: Eine Erbschaft bringt Ihnen nicht nur Freude. Finanzieller Verlust ist zu erwarten.
Verkehrt: Pläne können nicht verwirklicht werden.
Kelch-Vier: In einer Verbindung hat man sehr unterschiedliche Auffassungen, die aber die Freundschaft nicht trüben.

Kelch-Acht

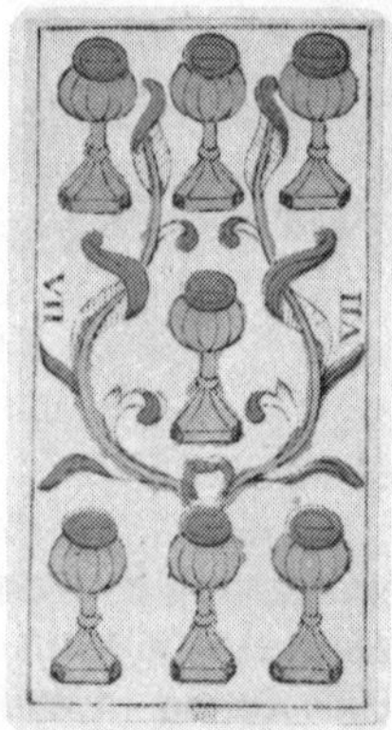

Kelch-Sieben

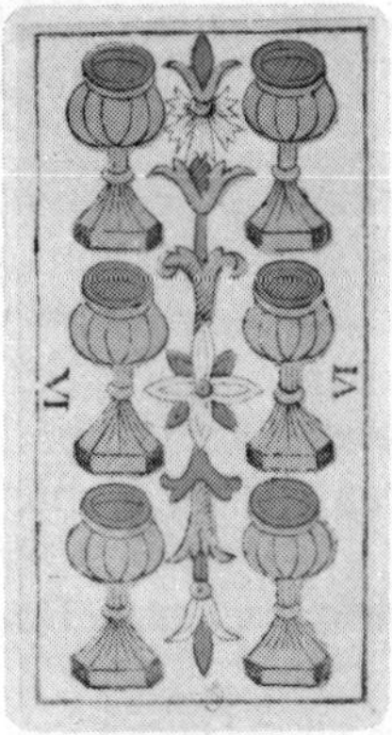
Kelch-Sechs

Kelch-Fünf

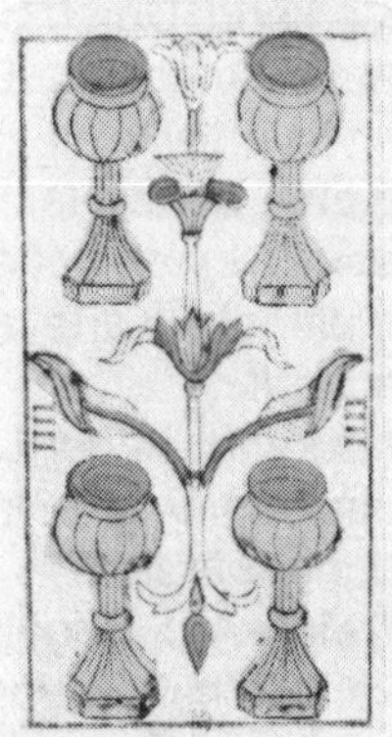
Kelch-Vier

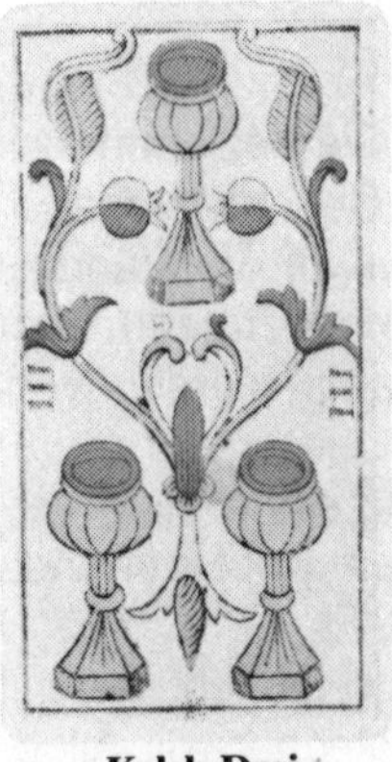
Kelch-Drei

Kelch-Zwei

Kelch-As

Verkehrt: Sie befinden sich in langweiliger Gesellschaft und können sich dort nicht recht artikulieren. Die Karte steht auch für Unbeständigkeit.

Kelch-Drei: Erfolg in allen Lebenslagen. Man hat keine Probleme. Eine reiche Heirat wird angesagt.

Verkehrt: Durch Unehrlichkeit verliert man Geld, manchmal auch Ansehen. Das Selbstvertrauen scheint nicht allzu hoch entwickelt zu sein.
Kelch-Zwei: Nach einer Trennung oder einem Streit kommt es zu einer neuen Liebe oder Freundschaft. Manchmal steht die Karte auch für eine Leidenschaft, die Leiden schafft.
Verkehrt: In der Liebe gibt es vorübergehend keine Übereinstimmung. In kriselnden Ehen kann das zu einer Scheidung führen.
Kelch-As: Begeisterungsfähigkeit, Protektion, neue Bekanntschaften und Ideenreichtum.
Verkehrt: Ein labiler Menschentyp, der in allen Dingen nur das Negative sieht. Eine schlechte Nachricht.

Die Bedeutung der Münzen

Münzen bedeuten auch im Tarot Geld. Sie beziehen sich vor allem auf den materiellen Erfolg im Geschäftsleben.
Münzen-König: Ein kühler Rechner, der viel Verständnis für soziale Belange hat. Das Vermögen wird vermehrt, aber ob es zu ausgesprochenem Reichtum langt, werden wohl die Nachbarkarten aussagen müssen.
Verkehrt: Ein Spielertyp, der eigennützig seine Ziele verfolgt. Auf jeden Fall verspricht die auf dem Kopf stehende Karte keine besondere Charakterstärke.
Münzen-Königin: Als Person ein Luxusweibchen, das mit Geschenken den Mann ihres Herzens bestechen will. Allgemein möchte man mehr scheinen, als man ist. Großzügigkeit ist hier immer mit einer bestimmten Absicht verbunden.
Verkehrt: Eine recht zwielichtige Person, bei der niemand weiß, woran er ist. Die umgekehrt liegende Karte deutet auch auf wirtschaftliche Gefahren hin.
Münzen-Ritter: Selbst aus Faulheit wird noch Reichtum, der Erfolg fliegt einem zu. Für eine Fragestellerin: Ein nicht

Münzen-König

Münzen-Königin

Münzen-Ritter

Münzen-Bube

Münzen-Zehn

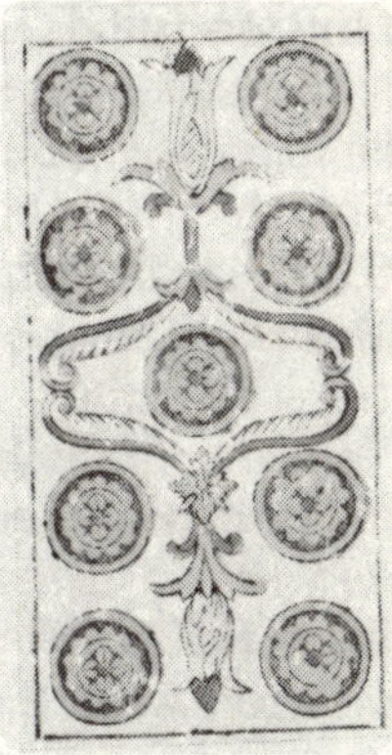

Münzen-Neun

ganz unvermögender junger Mann legt Ihnen sein Herz zu Füßen.

Verkehrt: Aus anfänglicher Begeisterung wird schnell Mutlosigkeit. Ihre Einsatzfreudigkeit läßt zu wünschen übrig.

Münzen-Acht

Münzen-Sieben

Münzen-Sechs

Münzen-Bube: Ein hilfreicher Partner steht Ihnen zur Seite. Sie sollten lernen, vor dem Handeln zu überlegen, dann ist Ihnen auch der finanzielle Erfolg sicher.
Verkehrt: Risikobereitschaft wird schlecht belohnt. Wer der Spielleidenschaft frönt, wird enttäuscht.
Münzen-Zehn: Glück in den eigenen vier Wänden. Finanzielle Sicherheit.
Münzen-Neun: Ein Fremder findet Ihr Vertrauen, das er möglicherweise enttäuscht. Geliehenes Geld können Sie in den Kamin schreiben. Vornehme Zurückhaltung ist auf jeden Fall am Platze.
Münzen-Acht: Sie sind zwar ein großer Praktiker im Beruf, können aber nicht verhindern, daß man Sie im Privatleben ausnützt. Ein Fragesteller könnte auf eine Dame hereinfallen, die sein sauer verdientes Geld verpulvert.
Münzen-Sieben: Die finanziellen Verhältnisse werden sich nur ganz allmählich verbessern. Bleiben Sie sachlich und verlieren Sie nie den Mut.
Verkehrt: Sie haben eine finanzielle Durststrecke vor sich und handeln manchmal ohne jede Überlegung.

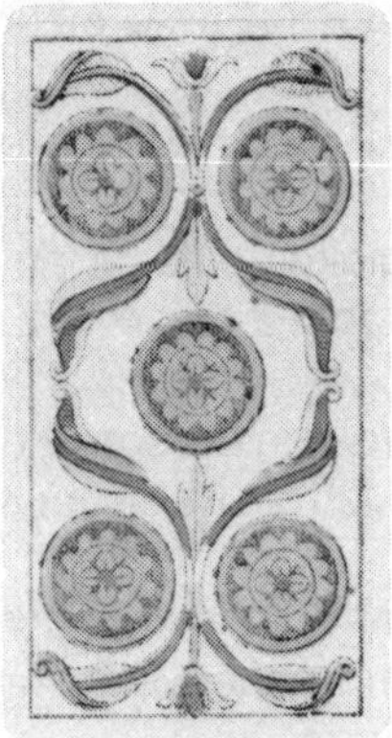

Münzen-Fünf

Münzen-Vier

Münzen-Drei

Münzen-Zwei

Münzen-As

Münzen-Sechs: Sie haben Ihre Gefühle im Griff, urteilen sachkundig und überwinden schnell, wenn Sie mal durch eine Talsohle wandern.

Münzen-Fünf: Sie sind leicht beeinflußbar. Bei einem Liebespaar weist die Karte auf Standesunterschiede hin, die dem Glück im Wege zu stehen scheinen. Etwas mehr Rückgrat wäre vonnöten.

Münzen-Vier: Man denkt an Sie, und das macht Sie glücklich.

Oder: Man sollte nicht mit der Großzügigkeit eines Menschen rechnen, der für seinen Geiz bekannt ist.

Verkehrt: Die Geschäfte sind rückläufig.

Münzen-Drei: Sie sind die Ausgeglichenheit in Person und vielseitig interessiert. Manchmal bezieht sich die Karte auch auf unerwartete Ausgaben.

Verkehrt: Sie haben Sorgen, weil ein Ihnen Nahestehender das Geld zum Fenster hinauswirft (das möglicherweise Ihr eigenes ist). Sie sind nicht so recht in Form.

Münzen-Zwei: Durch Mangel an Geld könnten Sie in Verlegenheit kommen. Gute Verbindungen nützen nichts. Sonst haben Sie es durchaus in der Hand, eine bessere Stellung zu erreichen.

Münzen-As: Geld kommt ein. Aber Sie haben nicht nur finanziell Erfolge zu verzeichnen, sondern auch im intimen Bereich glückliche Stunden. Die Liebe lacht dem Tüchtigen.